JN049161

# 為末メソッド

## 自分をコントロールする **100** の技術

Tamesue Method 100
Dai Tamesue

為末 大

日本図書センター

## はじめに

　いま、この本を手に取ってくれているあなたから、僕はいったい、どんな人に見えているだろうか?

　陸上競技を引退したのは、2012年。もう10年近く前のことだ。若い人の中には、僕がハードルを跳んでいたことすら、知らない人もいるかもしれない。自分でも、陸上選手だったころのことは、もう遠い昔のことのように感じている。

　それだけ時間が経っているのに、世間の僕に対するイメージって、なぜだろう……、10年前からあんまり変わっていないようだ。「侍ハードラー」「走る哲学者」などと呼ばれていたせいか、いまも寡黙でストイックな人だと勘違いされている気がする。一方で、SNSをチェックしてくれている人には「ぶっきらぼうで、冷たい人」と思われている気配すらある。

　でも、僕は思うのだ。「いまの僕って、寡黙な人でも、冷たい人でも、ないんじゃないか?」。

　こんな言い方はヘンかもしれないけれど、僕は「人間」が大好きだ。「あの人、何を考えているんだろう?」「どうやってあんなこと、思いついたのかな?」。いつもそんなことばかり考えている。人の心や思考への興味が、

どこまでいっても尽きないのだ。

　だから、人の話を聞くのが楽しくてしょうがないし、僕自身もかなりのおしゃべり。物静かな「侍」っぽさなんて、とうの昔に置いてきてしまった。いまの僕は、以前と比べてかなりアクティブで、日々、いろんな人との交流を重ねている。仕事も年齢も国籍も、会う人会う人、みんなバラバラ。そんな毎日は、本当に刺激的だ。

　積極的に「人間」と関わっていく日々の中で、僕が特に喜びを感じるのが、自分の言葉が誰かの役に立ったときだ。「悩みを整理することができた」「一歩踏み出す勇気をもらった」。そんなふうに言ってもらえると、僕は素直に、めちゃくちゃうれしい。

　「誰かの役に立つ言葉を」。そんな気持ちで、僕はいままで、さまざまな言葉を発信しつづけてきた。本を書いたり、メディアに出演したり、全国各地を講演で回ったり、SNSを使ったり――。その積み重ねで、僕の頭の中には、書いたり、話したりしてきた「言葉」が、溜まりに溜まっている。正直、ちょっととっ散らかっているくらいだ。

　だからこの本では、そんな僕の頭の中の「棚卸し」を試みてみた。僕が現役時代から書いたり、話したりしてきた言葉を一挙に収録して、一つひとつに解説も加えた。「僕の言葉の集大成！」と胸を張って言える本だ。

　『為末メソッド』というタイトルは、ちょっとおおげさか

もしれない。でも、「この本に書いた言葉を『メソッド』として『使って』ほしい」という思いがあったから、それを書名に込めてみた。

　100もの言葉が並んでいる分、ときに言葉同士が矛盾していることもあるだろう。でも人間の考えって、だいたいそんなに厳密じゃない。この本では、そういう矛盾をとりつくろっていない。僕の頭の中の引き出しを、正直に、全部開け放っている。

　どこから読んでもらっても構わない。好きな言葉だけ抜き出すのも大歓迎だ。身構えず、ガシガシと使い倒してもらいたい。

　共感してもらえたらありがたいけれど、「この考えは違う」と感じてもらってもいい。異なる考えにふれることで、自分自身を客観視する手掛かりにしてもらえるのなら、それだって十分にありがたい。

　人生は選択の連続だ。どんな人生を歩んでいくかは、ほかの誰でもない、あなた次第だ。この本があなた自身の「メソッド」を構築するために、ほんの少しでも役に立てたら、僕はとてもうれしい。

為末 大

# History of Dai Tamesue

~為末大ってどんな人?~

## 1978

5月に広島で誕生。
姉1人、妹1人。

### 俊足の読書部員

幼少期から本好きで、小学校では読書部に所属。たまたま足も速かったため、地元の陸上クラブで頭角をあらわした。中学3年で出場した全国大会では、2種目で優勝。高校でも優秀な成績を収めるが、徐々に他の選手に差を詰められはじめる。自らの身体能力や特性を見つめ直し、「トップ」でありつづけるために、高校3年のとき、ハードルへの転向を決意する。

## 1993

全国大会優勝
(100m、200m)

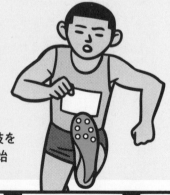

## 1996

ハードル競技を
本格的に開始

## 2000

### 五輪での転倒と決意

22歳のとき、満を持して出場した五輪の予選で、まさかの転倒。順調だと思っていた陸上競技人生が、ガラガラと音を立てて崩れていく。転倒を引きずる毎日の中で「失敗の事実は変わらない」「その意味は、その後どんな人生を歩んだかで変わる」と前を向く決意を固める。

### 順調な陸上競技人生

ハードルを本格的にはじめてから間もなく、広島国体の400mハードルに出場し、ジュニア日本記録を更新する。その後、法政大学へと進学。当時の陸上選手としては珍しい「金髪にピアス」という風貌からも、注目を集めた。大学4年で学生記録（当時）を更新し、シドニー五輪の日本代表に選出された。

## 1997

## 1996

### ジュニア日本記録更新
（400mハードル）

## 2001
世界陸上エドモントン
3位入賞

**JAPAN RECORD**
**47.89**

### 2度のメダル獲得と日本新記録！

シドニー五輪でのショックを乗り越え、23歳で出場した世界陸上エドモントン大会では3位入賞。400mハードルでは日本人初のメダルを獲得するとともに、現在も破られていない日本記録を樹立した。25歳のころからはコーチをつけず、すべてを自身でこなすプロの陸上選手に。アテネ五輪を経て、27歳で出場した世界陸上ヘルシンキ大会でも3位に入賞。メダルを手にした。

## 2005
世界陸上ヘルシンキ
3位入賞

## 2007
「株式会社侍」設立

### あえて孤独に、技術を磨く

29歳のころ、競技を続けながら、アスリートのセカンドキャリアを支援する会社を設立。経営者としての人生をスタートさせる。選手としては30歳で北京五輪に出場。衰えを感じつつ、現役を続行。アメリカ・サンディエゴに拠点を移し、再起をかけた。

## 現在の為末大

**主な肩書**
- 著述家
- スポーツコメンテーター
- 株式会社 Deportare Partners CEO
- 新豊洲 Brillia ランニングスタジアム 館長
- ブータン五輪委員会 スポーツ親善大使
- Jリーグ 非常勤理事

**主な著書**
- 『走る哲学』(扶桑社新書)
- 『走りながら考える』(ダイヤモンド社)
- 『諦める力』(プレジデント社)
- 『逃げる自由』(プレジデント社)
- 『生き抜くチカラ』(日本図書センター)
- 『ウィニング・アローン』(プレジデント社)

### スポーツを通じた社会貢献を!

ロンドン五輪代表をかけた日本選手権で転倒。その後、34歳にして現役引退を表明した。陸上関連の道具を一気に処分して未練を断ち、新しい人生に踏み出した。「新豊洲 Brillia ランニングスタジアム」のオープンに携わるなど「スポーツでの社会貢献」をテーマに走りつづけている。

# 2012
## 陸上競技を引退

走り出さなきゃ
はじまらない。

# 走りながら
# 考える。
# 正解を
# 求めすぎない。

「いくら『走り方』の本を読んでも、早く走れるように はならない」。その一言に尽きると思う。**先に情報を得 て、正解がわかってから走り出そうとしていたら、いつま でたっても走り出すことはできない。** とりあえず、走り出 そう。走りながら、考えよう。

　走り出してみて、初めてわかることがある。うまくいく こと、いかないこと、必要なこと、ムダなこと——。こ れらの生きた情報を「体感」として得ることができるのは、 走り出した人だけだ。本やインターネットでいくら調べて も、決して見つからない「体感」を、僕たちは走り出す ことで、手に入れることができる。

　もちろん、走り出してみた結果、大失敗してしまったり、 後悔したりすることもあるだろう。でも、そうなったときは、 その時点で方向転換をすればいい。立ち止まって何もし ないより、そのほうが確実に、物事は前に進んでいく。

　やってみたいことがあるのなら、まずはやってみる。 会ってみたい人がいるのなら、まずは会おうとしてみる。 それは仕事にも趣味にも、共通して言えることだ。「よ く戦略を練らないと」「計画的に進めないと」と足踏み してしまう時間は、もったいない。**いくら情報を集めても、 「体感」には追いつけない。いますぐ、新しい世界に飛び 込もう。**

# 「何が勝ちか」 をはっきり させる。

自分の人生において、「勝ち」とは何か。どんな人生を送れば、自分が「勝った」ことになるのか。まずはそれを、はっきりさせよう。なぜなら、「勝ち」の条件がぼやけていると、人は何を手に入れても、満足することができなくなるからだ。どんな努力をすべきかも、わからなくなってしまう。

　たとえば、大企業に就職して、不自由のない生活を送っていても、発展途上の小さな会社で、ガムシャラに夢に向かっていく人を見て、うらやましく感じることがある。この場合、「勝ち」の条件がぐらついてしまっているのだろう。見直しが必要だ。

　また、組織の中で生きる人は、組織の考える「勝ち」と、自分自身が考える「勝ち」とを、折りあわせていくことも重要だろう。さまざまな縛りがある中でも、個人としてゆずれないことは守っていってほしい。夢中になれるものを見つけていってほしい。「日々をおもしろがる」こと、それ自体を「勝ちの条件」にするのもいい。

　人生には、本当にさまざまな「勝ち」がある。それは人それぞれが自由に選び取っていいものだし、決して他人が口をはさむことはできない。でも、だからこそ、いろんな人生の可能性を考えながら、「自分にとっての『勝ち』っていったい何?」と、自分自身に問いつづけよう。何を手に入れるために、どんな努力をするのかを、明確にしていくんだ。

# 目的さえ
# あきらめなければ、
# 手段は
# 変えてもいい。

僕がチャレンジしつづけてきた「400mハードル」という競技。その本来の目的は「自分の身体を、ゴールまで早く運ぶこと」にある。僕はその目的のために、ハードルを跳び越える技術を磨きつづけていたはずだった。

　**ところが、少しずつ、その「研磨作業」にばかり、こだわるようになっていた。**「ハードルをうまく跳ぼう」と思い詰めるあまり、「身体の移動」という本来の目的を見失ってしまったのだ。ハードルがうまく跳べなくても、早くゴールさえできればよかったのに。

　こんなふうに「目的」と「手段」が逆転してしまう現象は、競技以外でもよく起こる。たとえば「引退後もスポーツに関わりたい」と言うアスリートはとても多い。けれど、よくよくその理由を聞くと「仲間と力をあわせるのが楽しかった」「目標を達成することに喜びを感じた」と言う。それはべつに、スポーツに関わらない仕事でも、叶えられるはずだ。「手段」へのこだわりが強すぎると、選択肢はグッと狭まってしまうのだ。

　**「目的」は何なのか。自分の心の中をきっちりと棚卸しして、理解しておこう。そのうえで、「目的」を果たすためにどんな「手段」があるのかを考えてみる。**一度選んだ「手段」でも、あまりこだわらず、どんどん変えたっていい。目的さえあきらめなければ、手段はいくらでも変えていいのだ。

# 長所・短所は単なる「かたより」。

「長所」「短所」は表裏一体。視点を変えれば、「短所」が「長所」に見えてくることが、よくあるものだ。たとえば、神経質な人のことは几帳面、協調性がない人のことは主体性がある、と言い換えることができる。もっと言うと、普段は「計画性がない」とされている人ほど、時間や人の目を気にせず、フレキシブルに行動できる、というようなこともあるのではないだろうか。

　こんなふうに「長所」「短所」というものは、視点によって変化する、実にあやふやなものだと思う。言ってしまえば、単なる「かたより」でしかないのだ。

　僕自身の「かたより」は、さんざん話しあってきたことを「これってそもそも必要あるの？」というふうに、最後に「ちゃぶ台返し」してしまうことだと思う。この「かたより」を、「短所」だと捉えることもできるだろう。でも、「ちゃぶ台返し」ができるからこそ、僕の一言で煮詰まった状況から抜け出せることがある。新しいプロジェクトが進み出すことだってある。「短所」だと思い込んで、自分の「かたより」をならしてしまうと、大切な「長所」をも失ってしまいかねないのだ。

　自分の「かたより」は、なかなか直せるものじゃない。だからこそ、それが「長所」として捉えられる環境を探してみるのもいいだろう。「短所」が「長所」になる環境が、僕たちが本当に輝ける場所なのだ。

# 「憧れの罠」 に注意する。

自分が苦手なことをサラッとやってのける人には、ひたすら憧れてしまう。その一方で、自分がラクラクこなせることは、誇らしく思えない。このことを僕は「憧れの罠」と呼んでいる。僕たちは、自分の短所ばかり見て、それを気にしすぎていないだろうか。なれっこない人になろうとして、動けなくなっていないだろうか。

　**僕がつねづね思うのは、「息を吸うようにやれること」こそが、その人の「才能」だということ。**なれないものになろうとするよりも、まずは自分自身の才能や、得意分野を見つけてみよう。

　僕の場合、呼吸するようにスラスラしゃべれたり、文章を書いたりできると気づいたとき、「これしかない！」と思った。だから陸上競技を引退して、メディアへの出演や執筆活動が新たな仕事になったことは、僕にとって幸せなことだった。

　あなたはどうだろう。「無意識のうちに整理整頓をしている」とか「自炊をするとき、一番効率的なダンドリを考えてから調理をはじめる」とか、そんなことも才能を探す手掛かりになるかもしれない。

　僕が言いたいのは、憧れをもってはいけない、ということではない。憧れるなら、自分の得意なことを、高いレベルでやっている人がいい、ということだ。**「背伸びしたら届く」くらいの距離にいる人を参考にすることが、成長への近道だから。**

# 現状維持は停滞と同じ。

自転車に乗っているときのことを、想像してみよう。ペダルを漕がないと、身体が自転車ごと倒れてしまう。だから、漕ぐことをやめられない。この状態が、言うなれば「現状維持」だ。**倒れることなく「現状維持」で生きていくために、誰もがペダルを漕ぎつづけている。**

　「がんばって漕いでいるのだから、いまのままでもいいでしょ」と考える人もいると思う。でもそれでは、いまよりも速くなることはないし、成長は止まってしまう。つまり「現状維持」は「停滞」なのだ。

　もちろん「成長なんかしなくていい。いまの状態が幸せなのだ」と言う人もいるはずだ。でも、そんな人こそ考えてみてほしい。同じペースでペダルを漕ぎつづけていったとして、本当にずっと、同じ成果が出つづけるのだろうか。

　人は衰えるし、世の中は変わる。脚力が落ちてきて、さらには上り坂に差し掛かったとしたら、どうなるだろう。そんな中で、同じ漕ぎ方を続けていたら、速度が落ちるどころか、転倒する危険も出てきてしまう。

　生きていくためにも、漕ぐのは当然。誰もがペダルを漕ぎつづけている。**だから、漕いでいるだけで安心するのはやめにしよう。**そこから一歩抜け出すためにも、そして将来も安全に漕ぎつづけるためにも、変化や成長が必要不可欠だと意識しよう。

# 「ちゃんとやれた」を積み重ねていく。

何かに挑戦しようとするとき、どうしても自信がもてなくて「自分にできるのだろうか」と不安になる。そういう人は、**その挑戦の「完璧な達成」を目標にせず、まず小分けにして考えてみるのがいい。**

　サッカーなら、いきなりゴールを決めることを目指すのではなく「まっすぐ蹴れるかな?」「次はドリブルしながら蹴れるかな?」「相手がいてもできるかな?」と、目標を小分けにしていく。すると、途中で達成できなくなったとしても、細かく積み重ねてきた成功があるから、「実力がついている」とちゃんと実感できる。1回で、1から10まで全部を回収しようとしない。「ちゃんとやれた」という実感を積み重ねていこう。

　この方法でいろんなことに挑戦していくと、何か別の物事をはじめるときにも、「これくらい努力すれば、できるはず」という自分なりの「ものさし」ができあがる。この先、どんな努力をすれば、その分野でどこまで到達できるのか、予測できるようにもなる。反対に言えば、「これ、絶対に自分には無理!」ということも、ある程度わかってくるから、早いうちに見切りをつけられるようになる。苦手な分野でドツボにはまらなくて済むのだ。

　若いときは自分の限界がわからないから、どうしても自分を低く見積もってしまう。**でも、「ちゃんとやれた」の積み重ねで、自分の思う「限界」を突破できた経験をすれば、未来への可能性を大きく広げることができる。**

いつまでも
基本ばかりに
こだわらない。

東洋の国々には「基本」を大切にする文化が根づいていると感じる。たとえば空手では、道場に入るとき、一礼をする。「なぜ?」と聞いたりせず、教わった通りにその動作を繰り返す。そしてときが経つにつれ、「これは感謝の意味だったのか」と理解する。それはそれで、ひとつの学びの形だと思う。でも、**ときには「基本」にこだわらず、逸脱してみることも大切ではないだろうか。**

基本を学ぶことはある意味「押し込める」ことだ。それは、まだ上達していない人の能力を引き上げるときには、教育的な効果があると思う。でも、すでに上達している人までも一緒くたに押し込めてしまうと、伸びるはずの能力を、一定のところで止めてしまう。

ビジネスの世界でも、さまざまなことを慣例に押し込めるあまり、変化のチャンスを逃していることが、よくある。たとえば会議。昔から「1時間」と決まっているからといって、短く済む会議をダラダラと引き延ばしていないだろうか。僕は「今回は45分」「次回は1時間15分」というふうに、実験してみてもいいと思う。たった15分の違いでも、何か変化が起こるかもしれない。

「基本なんか全部クソくらえ!」と思う必要はないけれど、**本当に守りつづけるべき基本がどれなのかは、考えつづけよう。** そして、あらゆる場面で実験を重ねてみよう。日々、2、3%でも変化をつけていけば、1年後にはだいぶ環境が変わるはずだ。

挑んで、
負けて、
また
立ち上がる。

僕たちは、どんなときも「『勝つこと』でしか自信は得られない」と考えがちだ。でも、その考え方は危うい。勝ちつづける人生があるならいいけれど、そんなもの、ほとんどの人にはありえないからだ。**「勝つこと」だけを自信の源にしてしまうと、負けたときに挽回できなくなってしまう。**負けることが怖いから、自分を必要以上に追い込み、生きにくくなってしまう。

　**僕はそれよりも「負けたけど、立ち上がれた」ということで、自信を得ていくことをおすすめしたい。**負けてしまっても、人生はつづく。だからこそ、いくら泣いても、落ち込んでも、立ち上がれるときが、必ずくる。そしてそのとき、あなたはきっと感じるだろう。「あれ？ 意外と大丈夫だったな」。

　そんな経験によって自信を積み重ねていくと、人はそれまでより、ずっと強く生きていける。挑んで、負けて、また立ち上がる。その繰り返しで、人の自己肯定感は磨かれていく。

　それに「負けたって、こんなもんか」「どんなことがあっても、自分はいつか立ち上がれる」というふうに考えられる人は、何度だってチャレンジを続けられる。ジャンジャン失敗しても、へこたれることがない。負けることに慣れるくらいが、ちょうどいいのだ。

あえて
競争してみよう。

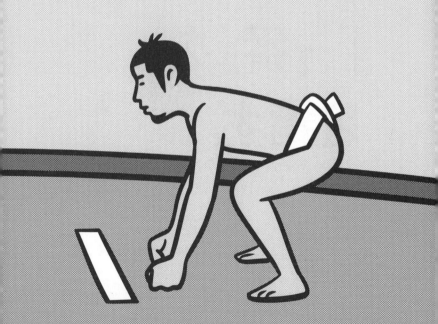

# 人生を
# 楽しむために、
# 「一番」を
# 目指す。

「ナンバーワンではなく、オンリーワンを」と言う人がいる。自分らしく、他人と違う自分になろう――。そんな考え方なのだと思う。でも**僕は、「オンリーワン」を目指すより、「ナンバーワン」を目指したほうが、人生は楽しいと思っている。**

なにも「一番にならないといけない」と言っているわけではない。一番を目指して、実力を磨く。その過程を楽しんでほしい。それができる人は、たとえ勝負で負けてしまっても、悲壮感を抱えずに済むはずだ。

「一番になりたいよね」という言葉と「一番にならなきゃね」という言葉は、似ているようでいて、意味することが大きく違う。後者のように「勝たなければ意味がない」という思いで「一番」を目指していくことは、苦痛でしかないだろう。**一番はあくまでも「目標」にすぎないのだ。そこに向かって本気で挑戦することは、間違いなく楽しい。**僕はずっと、陸上競技で一番を目指してきた。だからそう、断言できる。

世の中にはもう、たくさんの才能があふれている。新しい「オンリーワン」になることは、いまある分野の中で「ナンバーワン」になるよりも、よっぽど難しい。覚悟を決めなければ挑めない、いばらの道だ。だから、「オンリーワン」へのこだわりがないのであれば、素直に「ナンバーワン」を目指してみよう。そんな人生のほうが、きっと楽しい。

競争から
逃げない。
比べてみることで、
自分の
等身大を知る。

僕は、人と競争してみることで、自分の「等身大」を知ることが大切だと思っている。なにも勝つことだけを目標にして、競争に参加するわけではない。**競争してみることではじめて、自分自身の能力や得意不得意が見えてくるものだと思うのだ。**

いざ競争してみたら、思ったよりもいい成績が出て「俺、けっこうやれるじゃん！」と自信を得ることがある。反対に、まったく歯が立たなかったとき「この分野では自分は勝てないから、違うところで勝負しよう」と、早めに判断することもできる。つまり競争は、自分自身のことを知るための有効な手段なのだ。競争から逃げていては、いつまでたっても自分の等身大を知ることはできない。

**誰もが平等な能力をもって生まれてきているわけじゃない。競争は、そんなことも教えてくれる。**そういうシビアな現実を、身をもって知っている人ほど、人にやさしくできるものではないだろうか。

いまでは小学校の運動会で、かけっこに順位をつけないなど、教育現場でも「極力競争させない」という風潮があると聞く。でもそれは、本当に子どもたちのためになっているのだろうか。ある研究では「幼少期に競争を経験した人ほど、世の中の不公平さを知り、弱い立場の人に配慮を示す割合が増える」ということがわかったという。これからの社会を生きる子どもたちにこそ、競争の経験が必要だと伝えたい。

都合の悪い
未来も
受け入れる。

「『負けるかも』なんて考えるな。勝つことだけを考えろ！」。そう教わるスポーツキッズが、日本にはとても多い。ガムシャラに勝利に向かって突き進み、「都合の悪い未来」は見ないよう、指導されている。

　もっとも、子どものころであれば、こういう指導法も一定の合理性がある。不利な状況でも「俺たちはやれる！」と自分たちを奮い立たせられるチームは、勝負強いものだ。

　でも、ガムシャラに突き進むことだけに慣れてしまうと、のちのちまずいことになる。**明らかに勝てない状況に置かれても、その事実を「見ないように」して、打開策を考えなくなってしまうのだ。**

　「見ちゃうと本当にそうなるから、見ない！」。その発想はまるで、太平洋戦争の末期みたいなものだと思う。気づいたときにはすでに、取り返しがつかないことになっているかもしれない。そうなってしまう前に、「都合の悪い未来」を自分から受け入れよう。

　**「負けてしまいそう」と感じたときにこそ、その考えから目を背けない。悪い戦況であることを、まずは受け入れる。それだけで、その後の思考や行動は変わってくる。**「本当に負けそうなのか」と冷静に分析することもできるし、「ここから巻き返すには、どうすればいいのか」と現実的な打開策を練ることもできる。「どうせ負けるなら、この試合で新しいことを試してみよう」と、発想を前向きに転換することだってできるはずだ。

危機感が
安心を生み、
安心感が
危機を生む。

陸上競技用のピストルの「雷管」の箱には、印象的な言葉が刻まれている。「危険であると認識しているうちは安全である」。危機感をもつことが安心・安全につながるという、わかりやすい教訓の言葉だ。

反対に「安心感が危機を生む」という教訓もありえるだろう。「自分はいま、ベストの状態だ」という安心感は、同時に「このままでもいい」という慢心につながる。すると、気がつかないうちに伸び悩んでしまう。

**「危機感をもつことが安心を生む」「安心感をもちすぎると危機を生む」。これらはどちらも、真理だと思う。** 大切なのは、危機感と安心感をバランスよくもつこと。「いまのままじゃダメだ」という危機感が強すぎると、ホッとする暇がなくなって、人生は窮屈になる。「いまのままでいい」という安心感が強すぎると、成長が止まって、人生は停滞してしまう。**うまくバランスをとるには、いま、自分のどちらの感情が強いかを、常に意識しておくことが重要だろう。**

どちらかの感情が強くなりすぎていると感じたら、書店にいってみよう。棚を見渡せば、同じ「自己啓発」がテーマでも「自分を変える方法」と「自分のままで生きていく方法」という、2パターンの本があることに気がつくはずだ。あなたが安心しきっているなら前者の本を、危機感にあおられているなら後者の本を、手に取ってみる。自分にぴったりあった、本の処方箋を見つけてみよう。

# 成功よし、
# 失敗
# なおよし。

誰だって、成功したい。だから失敗してしまったときには、ひたすら落ち込んでしまう。でもだからといって、失敗は「いけないもの」ではない。

　失敗は、自分の弱さを教えてくれたり、新しい考え方を与えてくれたりするものだ。一方で成功は、喜びが大きい分、その感覚に酔いしれてしまって、何かを学び取ることが難しい場合も多い。長い目で見てみると、成功よりも失敗のほうが、その人のその後の人生に、いい影響を与えてくれるのではないだろうか。

　「人生100年時代」となったいま、一度の成功で頂点を極めて終わり、というほど人生は短くない。何度か人生のピークをつくっていかないと、100年ももちこたえられないかもしれない。

　それならば僕は、ひとつのことでずっと成功しつづけるのではなく、いろんなことに少しずつ挑戦し、新たな成功の可能性を探っていきたい。挑戦するたびに、きっと失敗も重ねるだろう。でも、その経験こそが、僕たちを新しい成功へと導いてくれる。そして僕たちの人生に、深みを与えてくれる。そう信じているのだ。

　だから「成功よし、失敗なおよし」。この言葉を忘れずに、失敗を恐れず、チャレンジを続けていこう。

# 「努力の
対価が成功」
という勘違い。

「成功するために、努力する」という考え方が、いつの間にか、「努力すれば、成功する」に変わってきてしまうことがある。でも、それは勘違いだ。**努力したって、成功しないことは、いくらでもありえるのだから。**

　はじめは「成功」するために努力していたはずなのに、そのうち努力自体が目的になってしまう。すると、「努力＝成功」という短絡的な思考に陥り、「努力すれば『必ず』成功する」と考えはじめる。そして、努力を続けても成功しなかったときに、必要以上にガッカリする。「いままでの努力は何だったんだ……」。それはとても残念だし、避けるべきことだと思う。

　**努力はあくまで「成長」を促すもの。そこを見誤ってはいけない。**人は努力を続けることで「これくらいがんばれば、これくらい成長できる」「このまま努力しても、成長できない」という予測が立つようになる。すると次第に「成功」のための冷静な分析もできるようになる。つまり、努力でつかんだ成長が、少しずつ、成功への足掛かりになっていくのだ。

　「努力すれば成功する」という考え方は、子どもたちには有効かもしれない。それは努力するクセをつけるためのモチベーションにもなるから。でも、大人はもう、その考え方から卒業したほうがいい。なぜその努力をするのか、自分で説明できるようになろう。

# 「せっかく ここまでやって きたんだから」 に注意する。

「せっかくここまでやってきたんだから、もうちょっとがんばってみようよ」。そんな言葉に、どうか縛られないでほしい。努力の「元」をとろうとすると、人は引き際がわからなくなってしまう。

　**僕たちは、「やめることは悪いこと」と教わってきたところがある。だから、途中でやめることに強い抵抗感をもってしまう。**「ここでやめたら、他のどんなことも長続きしないよ」と忠告された経験がある人も多いだろう。それに、人は「これまでやってきたことが水の泡だ」というように、いままでの努力を「回収」しようとしがちだ。

　でも、こう考えてみたことはあるだろうか。「それをやめないと、体験できないことがある」。**あることを続けることは、別のあることをはじめるきっかけを逃していることでもあるのだ。**僕は陸上競技を引退したことで、いまの仕事ができるようになった。そう考えることもできるだろう。何かをやめることで、別の何かをはじめられる。そう意識してみれば、「せっかくここまでやってきたんだから」の呪縛から、離れることができるはずだ。

　もちろん、決めた目標に向かって努力を続けることは大事だと思う。それはそうとしても、いくらやっても目標に近づいていないと感じるなら、新たな選択肢に進むべく、行動をはじめよう。ちょっとずつでいい。「逃げてしまった」「根性がなかった」などと思い悩む必要はない。きっぱりとやめて、新しい人生を探しに行こう。

成功も
失敗も
1週間で
捨てる。

物事が成功したとき、その「パターン」が忘れられず、繰り返してしまうことはないだろうか。**「少なくとも失敗はしないだろう」という安心感が、僕たちをその「パターン」から逃れられなくしているのだろう。**

　でも、成功したパターンを続けているだけでは、いつか成長から取り残される。しかも、そのパターンが失敗したときに、リカバリーができなくなる。成功体験にしがみつくことで、むしろ失敗してしまう。こういうことは、実際によくある話だ。

　一方で、失敗をズルズルと引きずって、立ち直れなくなることもある。いい記憶でも、悪い記憶でも、引きずりすぎは悪い結果につながっていく。

　**僕は成功体験も、失敗体験も、1週間経ったら捨てると決めている。期限を決めることで、しつこい自分のこだわりを、強制的に断ち切るのだ。**

　何がよくて、何がいけなかったか、1週間できっちり向きあう。うかれるなら存分にうかれ、落ち込むならとことん落ち込む。そうやってメリハリをつけ、区切りをはっきりさせることが、体験を忘れるコツかもしれない。

　人は区切りがあることで、心を整理できるものだ。葬式の後の四十九日にも、そんな意味があるのではないだろうか。一定の期日があるからこそ、そこに向かって自分の気持ちを調整できる。人間のそんな特性を使って、過去と上手に決別しよう。

力を尽くして、
やるだけやったら、
あとは自分の
せいじゃない。

「努力すれば、必ず結果は出る」と信じて、がんばりすぎてしまう人がいる。確かにほとんどのことは、努力すれば上達する。けれども、上達の度合いは人によってさまざまだ。**努力が結果につながらないことだって、ざらにある。**だから、努力だけでは何ともできない領域があることを、まずは知っておこう。

　僕は陸上競技を通して、そのことを実感した。どんなに練習を積んでも、あの選手にはかなわない。そういう壁にぶち当たったからこそ、「努力しつくしたんだから、あとは自分のせいじゃない」と考えられるようになった。

　明日の天気や他人の表情は、気にしたってどうしようもない。雨が降っても、相手が不機嫌でも、それはあなたのせいじゃない。**自分のベストを尽くすことだけに、集中しよう。そのほうがシンプルな気持ちでいられるし、力を発揮しやすいはずだ。**

　競技を引退したとたん、燃え尽きてしまう元アスリートがとても多い。そういう人の「座右の銘」を聞くと、たいてい「願えば叶う」といったものなのだ。うまくいっているときはよくても、行き詰まったときに「自分の願いが足りないから」と思う人生は苦しい。人間って、擦り切れてしまうものなのだ。そんな人に、この言葉を贈りたい。「力を尽くして、やるだけやったら、あとは自分のせいじゃない」。

立派でなくても、
すぐれた
能力がなくても、
自分で自分を
認めてあげる。

誰かと比べて「自分はダメなやつだ」「なんてできない人間なんだ」と思ってしまうときがある。自分が何かのランキングの下位にいるような気がして、不安になってくるのだ。

　でも、そのランキングは、誰が、どんな基準でつくったものなのか、よく考えてみよう。「立派だ」とか「すぐれている」という価値観は、どこかの誰かが、何かの目的のためにつくった基準にすぎない。そんなランキング上で戦う必要は、本当にあるのだろうか。自分は自分。どんな自分でも素直に認めてやろう。

　僕はずっと「足の速さ」のランキングに縛られて生きてきた。でも「足の速さ」は僕の特徴の一部にすぎず、全体ではない。しかもその特徴は、時間が経てばなくなってしまう。僕は陸上選手を引退するときに「これからは『足の速さ』では生きていけないんだな」と思った。でも同時に「それって、本来の自分に戻るだけだな」とも思えた。ランキングから降りてみてはじめて、本来の自分が見えてくるのかもしれない。

　本来の自分を認められると、自分の何が変えられて、何が変えられないのかがわかってくる。そうなればもう、自分に「ダメなヤツ」とか「できない人間」なんていうレッテルを貼ることも、なくなっていくだろう。

# 苦しい
# ときこそ、
# 種をまけ。

いくらがんばっても、現実がなかなか思うようにいかないときが、人生には何度かある。そんな苦しいときにこそ、種をまこう。**この先、何が起こるかわからないからこそ、将来役に立つかもしれない分野に、ちょっとずつ手を出しておくのだ。**

　起きてしまった出来事は「しょうがない」とあきらめて、いまから新しく、何ができるのかを考える。すぐに効果の出るタイプの取り組みではなくても、のちのち芽が出そうなことに時間を投資する。会社なら、あらゆることのオンライン化かもしれない。個人なら、資格取得のための勉強かもしれない。苦しい状態にあえぎながらでも、取り掛かれることはけっこうあるものだ。

　僕が特に伝えたいのは、「時間軸を意識してみよう」ということ。たとえば、10年単位で見るか、1日単位で見るかで、ものの見え方はまったく違ってくる。**明日のことだけ考えたら、元をとれない投資でも、10年経てば何倍にもなって返ってくるかもしれない。**

　長めの時間軸で、いまの状況を見るクセをつける。「こんな状態がいつまでもつづくわけはない」と肯定的に未来を捉え、「かといって、しばらくは苦しい時期がつづく」と現実的に現在を分析する。そんな長い目をもつことができれば、「種をまく」ことの意義も、きっと実感できるはずだ。

むやみに自分を
縛らない。

# 「どうにかしよう
# があること」を
# どうにかする。

僕の祖母の口グセは「しょうがない」だった。その一言で大抵のことを受け流してしまう。貸したお金が返ってこなかったときも「しょうがない」。赤ちゃんの僕が病気で死にかけたときも「しょうがない」。ある意味、前向きで、健全な発想をもつ祖母だった。

　「しょうがない」としか言いようのない物事が、人生には数えきれないくらいある。事件や事故、病気、生まれもった才能や家系、そして他人の心。すべて、自分ではコントロールのしようがないものだ。だから、それらに意識を向けるのではなく「どうにかしようがあること」のほうを何とかしていこう。

　**「過去」と「他人」はコントロールできないけれど、「いま」と「自分」はコントロールできる。**「過去」と「他人」のことは、それこそしょうがないのだから、スッパリあきらめる。「いま」できることは何か、「自分」ができることは何か、それを常に探っていくほうがいい。

　**不思議なことに、「しょうがないこと」をあきらめることで初めて、「どうにかしようがあること」は見えてくる。**まずは自分を観察してみよう。「しょうがないこと」にあらがって、努力で何とかしようとしてはいないか。変えられないことを引きずって、変えられることまであきらめてはいないか。もしも心当たりがあるのなら、それに気づけたその先に、「どうにかしようがあること」がきっと見つかる。

# ベストではなく、
# ベターを探す。

ベストを追い求めるあまり、何の選択もできないのでは、意味がない。思い悩んだ挙句、何も選べずに悶々としているよりも、いま、ベターだと思うものを思い切って選び、のちのち修正をかけていこう。

　たとえば選挙では、理想と100％あう候補者がいなくても、ベターな人を選ぶものだろう。それは無投票だと、ベターですらない人が選ばれる可能性が高まるからだ。そういう意味で、ベターを選んでおくことは大切だと思う。選挙でも、買い物でも、恋愛でも、いま、自分がベターだと思うものを選択してみる。そんな練習を続けることで、選択の精度も上がっていく。

　世の中は、やりはじめるまで全体が見えないことばかりだ。仕事でも、プロジェクトが動き出さなければ、どの道がベストかなんて、わかりっこない。ベターだと思う方向に、ひとまず動き出してみる。すると、情報や人がつながりはじめて、はじめるまではわからなかった「感触」を得られるようになる。この「感触」こそが、ベストの道を探すための重要な手がかりになる。

　目の前に小高い丘があるとき、躊躇せず、登ってみる。すると、丘の向こうの景色が見えてくる。遠くに町が見えるかもしれない。さらに高い山があるかもしれない。どちらにしたって、丘の下にいたときより、ベストな方向を見定められるようになるだろう。丘を眺めているだけの人生から、一刻も早く抜け出そう。

# 「たかが」
# 「あえて」
# という
# スタンス。

コンクール前にスランプに陥ったホルン奏者に、師匠がこんなアドバイスをした。「キミは『今回失敗したらおしまい。音楽は人生のすべて』と思ってないか？　それならいますぐ資格を取りなさい。音楽がダメなら、それで生きていけばいい」。師匠の言う通り、彼は音楽と無関係の資格を取得した。すると彼は、なぜか以前のようにホルンを吹けるようになっていた——。僕たちがこの話から知ることができるのは、どんなことだろう。

　人は自分の職業や趣味について「自分にとって特別な意味がある」と思いがちだ。このホルン奏者も、そうだったのだろう。「たかが音楽」とは思えず、「音楽こそ人生」とのめり込みすぎて、身動きがとれなくなっていたのだ。

　もちろん、他人から「たかが」と言われたらカチンとくる。昔の僕だって「たかが陸上」なんて言われたら、すごくムカついた。でも、自分のほうから「ま、たかが陸上だから」みたいに言えるぐらいでないと、どんどん真剣になり、力んでしまうことにも気がついた。

　根を詰めると、自分も他人も窮屈にしてしまう。だから本気で取り組むことにこそ「たかが」のスタンスを大事にしよう。「何でそれを続けているの?」と聞かれたら「色々あるけど、あえて」と答える。「たかが」ということを「あえて」やっているからこそ、評価など気にせず、続けられる。こうなれば、強い。思い切りやれる。僕はそういう考え方が好きだ。

# 「好きなこと」
# より
# 「求められて
# いること」
# をやる。

「好きなことを続けていくことが、成功への近道」。そんなふうに思い込んでいないだろうか。**でも、「好きなこと」を見つけるのは、意外と簡単じゃない。しかも、それで成功するとなると、なおさら難しいはずだ。**「好きなこと」にこだわりすぎて苦しくなるくらいなら、「自分に求められていること」を探してみてはどうだろう。

　世の中で、いわゆる「成功している人」のことをよく見てみよう。すると、「好きなこと」だけを続けてきた人は、全体の1、2割にすぎない、ということに気がつくはずだ。残りの9割近い人たちは「求められていること」を見つけて、実践している人ばかり。「好きなこと」よりも「求められていること」のほうが、実は見つけやすかったり、行動に移しやすかったりするものなのだ。

　**たとえば、あなた自身がよくされる「人からの頼まれごと」に注目してみよう。**それが「求められていること」を探る、一番初歩的なやり方。「資料づくりは要点をまとめるのがうまい人に」「お金の計算は慎重な人に」。人はそんなふうに、頼みごとをするとき、相手の特性をよく見極めている。

　僕の場合は、講師役を頼まれたり、相談を受けたりすることが多いことに気がついて、「人に何か教えること」が自分に求められていることなのだと思いいたった。周囲の声によく耳を傾けてみると、自分自身が何をするべきか、客観的にわかってくるはずだ。

# 「こだわり」は
# 絞り込む。

「あと1年しか生きられなかったら」。たまに僕は、そんなふうに制限を設けて、物事を考え直してみることがある。すると、「一番大事なものは何か」「ムダなことをしていないか」と、頭の中が整理整頓されていく。**生きていると、どうしても余計な「こだわり」が増えてしまう。だからときに「こだわり」を取捨選択する勇気をもとう。**

仕事の合間を縫って競技に打ち込む、社会人アスリートたちがいる。彼らの話を聞くと、限られた時間の中で、本当に大事な練習は何かを考えつづけていることがわかる。時間に限りがあるからこそ、不必要なこだわりで時間を浪費することを惜しんでいるのだ。

競技生活ほど短くないにしても、人生だって有限だ。「あれ」と「これ」、どちらが大事か、常に検討しつづける必要がある。たとえば通勤電車の中での30分間、読書に充てたほうがいいのか、仮眠をとったほうがいいのか、はたまた英語のリスニングをやってみるのか。**一つひとつの可能性を検討し、「本当に大事なもの」を選び抜く。そして、それ以外はさっぱり捨ててしまおう。**

僕の場合は「見た目」を捨てた。メディアに出る機会もあり、「見た目が重要」と言われてきたが、衣装もメイクも、やればやるほどキリがない。だからあるとき、僕は見た目へのこだわりをバッサリなくした。こんなふうにこだわりを絞り込むと、「どう生きたいか」がどんどんクリアに見えてくる。

# キリのいい
# 数字を
# 目標にしない。

何かに挑戦するときに、僕たちは「キリのいい数字」を目標にしがちだ。たとえば「100mを10秒で走りたい」といったように。　**確かにキリのいい数字は、自分にとっても他人にとってもわかりやすいけれど、よく分析された数字ではない、ということに注意する必要がある。**実際の能力よりも、高すぎたり、低すぎたりして、現状に見あわない目標になってしまいがちなのだ。

　日本の陸上競技界では「100m10秒の壁」をひとりが突破したとたん、一気に9秒台の選手が増えた。これはもしかすると、当初の目標が低すぎたことが要因かもしれない。もともと9秒台で走る力があったのに「10秒」というキリのいい数字が邪魔をして、なかなかそのラインを突破できなかった可能性がある。

　反対に、目標が高すぎると感じたら、下方修正することも必要だ。大切なのは、ちょうどいい成長の角度を見つけること。ほどよい角度の延長線上に目標を決められれば、効率的に成長できる。そして力は、開花する。

　目標って「引力」があるから、キリのいい数字に到達した時点で満足してしまうことも起こる。目標に固執しすぎると、引力に引き寄せられ、もっと上に行けるかもしれないのに、手前で着地してしまう。**ほどよいレベルに設定し、そして固執しすぎないこと。それが目標とのベストな向きあい方だと思う。**

# 反復練習で、
# 客観視を
# 手に入れる。

人が余裕をもって自分や周囲を見渡すには、その動作自体を忘れられるくらいの「反復練習」が必要だ。 たとえば自転車を漕ぎながら、 流れる風景を楽しむためには、どうすればいいだろうか。 まず、「ペダルを漕ぐ」こと自体を忘れないといけない。 そして、そのためには「ペダルを漕ぐ」ことに意識が向かなくなるまで、ひたすら「ペダルを漕ぐ」反復練習をしなければならない。

　たいていのことは、 何回も繰り返していれば、わざわざ考えなくてもできるようになる。 頭をフル回転して慎重にはじめた動作も、 慣れるにつれてそんなに頭を使わず、ほぼ無意識でできるようになるのだ。 すると、空いた分の脳のスペースを使って、 他のことを考えられるようになる。それが「客観視を手に入れる」ということ。

　自分を客観視できると、 自分の中での「基準値」がわかる。 ボールを何度も投げつづければ、よく飛ぶ角度や、手を離す位置がわかってくるように、 うまくいくときと失敗するときの傾向を、 冷静に分析できるようになる。

　「いつもより予定を詰めすぎたな。 こういうときは失敗する傾向があるから、 急ぎじゃない予定は延期しよう」「おなかが空いたな。 もう少しすると機嫌が悪くなるから、 おやつをはさもう」――。 こんなふうに自分自身を客観視して、 未然に危険やリスクを察知できれば、 人生にはもっと、 余裕が生まれてくるはずだ。

ただの反復を
「実験の連続」
に変える。

物事をうまくこなすために、僕たちは何度も反復して腕を磨く。**そのときにあなたは、「もしこれをやってみたら、どうなるんだろう」という「実験」をできているだろうか。**ただ、何も考えずに同じことを繰り返すのではなく、いろんな可能性を考えながら、試してみる。「ただの反復」を「実験の連続」に変えてみよう。

職人の世界を想像すると、わかりやすいかもしれない。弟子は師匠の背中を見て、意味がわからずとも、とにかく真似して繰り返すことで、技術を習得していくものだ。でも、慣れてきたら「師匠はこうやってるけど、こっちのほうが効率がいいのでは？」「自分はこうやって道具を持ったほうが、作業しやすいのかも」というふうに、小さな実験を、反復の中に取り入れてみる。この小さな実験こそ、技術をさらに向上させていくために、必要不可欠なものなのだ。

**実験をするときのコツは、さっきの反復から「少しだけ」変えてみようとすることだ。**たとえば、カレーの味を改善しようと思うとき、いきなり寸胴鍋に調味料をつっこんではいけない。小鍋に移してから「スパイスを増やしてみよう」「隠し味にトマトを入れよう」と実験してみる。うまくいったら寸胴鍋でもやってみる。根本からすべて変えるのではなく、比率・割合に注意して進めるのがいい。一つひとつの実験がちょっとしたものでも、その積み重ねがあるかないかで、未来は大きく違ってくる。

# ジンクスより、
# チャレンジを。

「右足から靴下を履くと、うまくいく」。僕はそういう「ジンクス」をひとつももっていない。科学的に根拠のはっきりしないものは、信じられないタイプなのだ。

ただし、いまは根拠がなかったとしても「こっちのほうがなんだかいい感じがする」と思ったことが、本当にいい結果につながっている可能性だってある。そういうことは、自分なりに検証して、確かめてみよう。

たとえば、靴下を左足から履く日もつくってみる。結果を記録し、何度も比べてみる。**そうやって「チャレンジ」を重ねてたどり着いた答えは、もはや根拠のない「ジンクス」ではなくなっているはずだ。**

何かをする前に、決まった動作をすることで、心を落ち着かせ、結果につなげている人たちがいる。たとえばイチロー選手は、バッターボックスで毎回同じ動作を繰り返していた。彼のこの一連の動作は、何度も重ねた「チャレンジ」が生み出した賜物だろう。これも、もはや「ジンクス」ではない。自分自身の精神面のクセを把握し、「こうやると自分をうまくコントロールできる」ということを体得して、選んでいるのだ。この域まで達すると「経験的な学び」と呼ぶほうが近いのかもしれない。

**もしもすでに「ジンクス」をもっているなら、いったんそれをやめてみよう。そして結果を見極めてみる。**それがただの「ジンクス」か、「経験的な学び」なのかは、結果を見れば一目瞭然だ。

# 座右の銘は
# いらない。

とかく僕たちは「座右の銘」をつくりがちだ。「質実剛健」「初志貫徹」。でも、状況によって、人の思いは変わっていく。最初はモチベーションにつながっていた言葉が、だんだんとハマらなくなり、ただ自分を縛りつけるものになっていく。それなのに、自分を何とか「座右の銘」のほうにあわせようと、もがいてしまう。**そうやって苦しくなって、身を滅ぼすぐらいなら、「座右の銘」を変えてしまえばいい。もっと言うと、そもそも「座右の銘」なんかもたないほうがいいと思う。**

　僕が最近携わっている「企業のスタートアップ」の世界でも、似た状況がよくある。立ち上げ当初に「自分たちはこれをやる」というビジョンを決め、それに向かって走り出す。ところが、事業をやっているうちに新境地が見えてきて「あれ、こっちのほうが俺たち、イケるかも?」という場面に直面し、悩んでしまう。これも「座右の銘」のようなものだ。当初のものがハマらなくなったとき、その枠の中でジタバタして、何とかなる例は少ない。軌道修正を試みた事業のほうが、うまくいく。**だから僕はこんなとき、「ビジョンにこだわらない、あるいは、ビジョンを拡大解釈してみればいい」とアドバイスしている。**

　もしも「座右の銘」をもつにしても、身近には置かず、「遠くで輝く北極星」だと思うくらいがちょうどいいだろう。ちょっとズレたくらいでいちいち気にせず、自分の目指す、大まかな方向性くらいのスタンスで。

ストーリーを
こまめに
書き換える。

人間は無意識に、自分の人生をストーリーとして記憶している。そしてときに、そのストーリーから外れまいとするあまり、自分自身を苦しめてしまうことがある。

　「泥臭くがんばって、這いつくばって、勝利を目指す」。僕は選手時代のある時期から、そんなストイックなストーリーに、自分自身を当てはめていた。いくら負けても、あきらめない。常に全力でがんばりつづける。そんな姿を見て、僕を応援してくれる人が喜ぶ──。でも、そんなストーリーを生きるのが、次第に苦しくなっていった。

　だから僕は、思い切ってストーリーを書き換えた。「自由に生きていこう」。それがいまのストーリーだ。地に足を着けて、しなやかに生きる。あきらめるし、がんばれないときもある。そんな「今日と明日が違っていい」日々は、とてもホッとする。

　人生のストーリーは、自分自身で決めていいのだ。しかも、いつでも書き換えていい。そういうことに気がついてから、僕は心地よい毎日を送っている。

　これはきっと、僕だけの話ではないはずだ。節目ごとに、人生のストーリーを見つめ直してみてほしい。そして必要なら、書き換えてしまおう。いま生きているストーリーは、窮屈ではないか。実態とかけ離れてはいないか。たとえば年に1回でも、自分なりにチェックしてみる。すると、停滞していた人生が急におもしろく転がって、道がひらけてくることもあるかもしれない。

# 突き抜ける
# ために、
# グレーゾーンを
# 探りつづける。

たくさんの人々が群がる「安全圏」の中で生きている
だけでは、新しいものは生まれてこない。**何か大きな発
見をするためには、「グレーゾーン」まで行ってみること
が必要だ。**

　インターネットが登場した当時を思い出せばわかるよう
に、新しいものは大抵「怪しげだ」と思う世界からあら
われる。はじめのうちは「ヘンなものが世界で流行りだ
した」「関わると危ないかも」と感じる人が多かったので
はないだろうか。

　でも、のちにインターネットは世界を大きく揺るがし、
いまやそれがない世界は、想像できなくなった。「グレー
ゾーン」にはまだまだ、インターネットに匹敵する発見が
隠れていると僕は思っている。

　では、「グレーゾーン」とはどこのことなのだろうか。
たとえば、おとぎ話に登場する「子ども」を想像すると、
イメージしやすいかもしれない。子どもは常識に染まっ
ていないから、空気を読まない。世間に波風を立てるこ
とだって平気で、「王様は裸だ！」と言えてしまう。その
言葉は世界をかき混ぜ、事実は転覆した。

　**「これを言ったら、みんなが眉をひそめるかも」「バカ
にされてしまうかも」。そんなところに、実は「グレーゾー
ン」がある。**まわりから一歩、突き抜けたいなら、安全
圏から「グレーゾーン」へ踏み出してみよう。

期待値のハードル、
下げていこう。

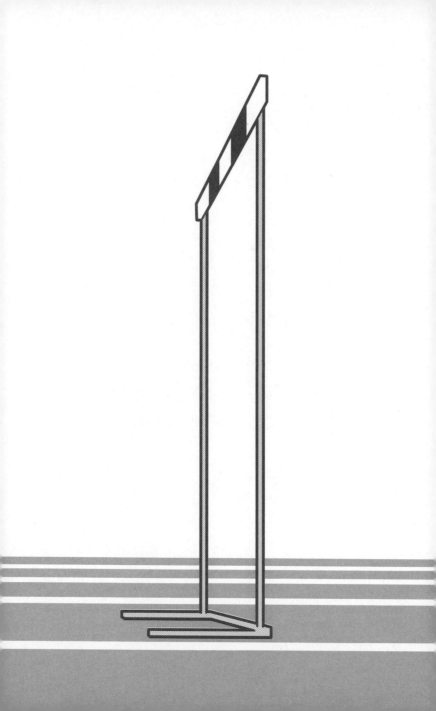

# 嫌われる
# ことを
# 先延ばしに
# しない。

誰にでも「人の好き嫌い」はある。こればかりは、どうしようもない。つまり、一定の確率で必ず他人に嫌われるということだ。**僕は「どうせ嫌われるんだったら、早めに嫌われておいたほうがラク」と考えている。**

　世界陸上で銅メダルを獲得してから、一気に僕の顔が世間で知られるようになった。それ以降の僕は、無難な発言ばかりを繰り返すようになっていった。「次の世代にいい影響を与えたい」「一生懸命走ります」。一方で、「絶対負けたくない」という本音が言えなくなった。そんな言葉だけでも、嫌悪感を抱く人がいるからだ。

　自分の影響力が強くなってくると、僕は「嫌われたくない」という気持ちに縛られはじめた。するとメディア上での僕が、僕自身からどんどん離れていく。今度はそれが、たまらなく嫌になった。

　**「みんなに好かれなくたっていいや」。僕はあるときを境に、そう開き直ることにした。そうしたら、とてもラクになった。**

　とはいえ、「嫌われたくない」という気持ちは誰にでもある。だから「この人にだけは」と、条件付きにしておく工夫をしよう。尊敬できる先輩や恩師、有名人でもいい。「こんなことをしたら、あの人は怒るな」とか「あの人なら、評価してくれるかな」と考えてみる。その人にだけ、嫌われないように行動する。すると、知らない誰かに嫌われることなど、どうでもよくなってくるはずだ。

こまめに
がっかり
させておく。

人は相手に「キャラ」をつけることで、どこか安心しているところがある。競技生活中の僕の場合、ストイックでクールなキャラをつけられていたように思う。僕自身もそれを気に入って、自分からハマりにいっていたところもあった。するとまわりも、僕がキャラ通りに振る舞うことを、さらに期待する。それはまるで「一発ギャグ」みたいで、だんだん「ルネッサ〜ンス♪ってやってよ」みたいになっていくのだ。

　よりクールで、よりストイックな僕に対する期待は、どんどん加速していく。すると「そうじゃない自分」を表に出せなくなる。正直、僕はクールではないのに、おちゃらけたことは言いづらくなっていった。**キャラを保っていくために、無理をする。それってとても疲れることだ。**

　そんなことにならないためにも「こまめにがっかりさせる」ことをすすめたい。「このキャラを期待されてるな」と感じたら、あえて期待を裏切る言動をしてみる。**そうやって、上がりすぎてしまった周囲の「期待値」を下げてしまえば、不必要なフラストレーションを抱え込まなくて済むようになる。**

　それに、期待ばかりが高くなり、実力とかけ離れてしまうと、キャラ崩壊を恐れるあまり、挑戦することが怖くなってしまう。こまめにがっかりさせることで、実力と見あうよう「期待値」をコントロールしよう。

# ときには空気を読まない。

ミーティングのとき、あえて、素朴なことをポツンとつぶやいてみる。「そもそもこれ、何の意味があるんだっけ?」「これってなんではじめたんだっけ?」。そうすると、場の空気が一変して、より深い話に発展していくことがある。

　あるいは、頼まれごとが重なって息苦しくなりそうなとき、思い切って「これはやりません」と拒否してみる。すると、これまた空気が一変して「じゃあ別の人に頼んでみるよ」と、あっさり状況が変わることがある。つまり「ときには空気を読まない」ことも必要なのだ。

　**場の空気を読みすぎてしまうと、周囲からも同じような反応しか返ってこなくなる。** すると、パターン化したつまらない空間になったり、いつの間にか苦しい状況に追い込まれたりしてしまう。だからあえて、いつもと違う自分をポンと出してみる。相手の心に揺さぶりをかけるのだ。「自分のキャラを変えられる主導権は、常に自分がもっている」。そう意識してみよう。

　自分の人生なのに、「私はこうするしかないんです」と、まるでまわりに流されるように、生きている人がいる。でも、それは誤解だと思う。**ちょっと自分の行動を変えてみるだけで、まわりの反応は変わり、流れも変わっていく。**「空気を読まない」ことは、とても勇気のいることだ。でも、その効果は思っている以上に大きい。

# 「白状」は
# 人の心に響く。

感情をあらわにするような言葉や、主観的な言葉。いわゆる「白状」を、普段は冷静な人から急にぶつけられると、胸に深く響いてしまう。そんな経験、誰にでもあるのではないだろうか。

　ちょっと幼稚に思えるかもしれないけれど、「感情を外に出さずにはいられないほど、僕の気持ちは高ぶっているんだ！」という態度が、心の琴線にふれるのだろう。

　『いまを生きる』という映画に、こんなシーンがある。詩をうまくつくれない少年が、先生に追い込まれて、思わず心のままに言葉を叫ぶ。その言葉が、教室中の感動を呼び、喝采を浴びるのだ。ああ、響く言葉というのは、ありのままの「白状」なのか。僕はこのシーンを見て、そう確信した。

　もちろん、「白状」ばかりをしていてもいけない。いつでも感情的な人だとみなされて、信頼を失ってしまうことだってありえる。あくまで普段は冷静な人が、あるとき、正直な感情を見せるからこそ、その言葉に特別な意味が宿るのだ。

　相手の心を動かしたいとき、どうしてもわかってほしいことがあるとき、相手の心が閉じてしまっていると感じるとき——。「白状」は、そんなときのために、大事にとっておこう。

# 危機的な
# 状況でこその
# 愚鈍さ。

僕の性質として、世の中の急な変化に、敏感なところがある。そして、その変化に極力飲み込まれず、淡々とした毎日を続けようとする傾向がある。みんながそろって同じ方向へ動こうとしているとき、その空気に流されることに、強い警戒感があるのだ。

　ひどい災禍が起きたり、大変な事態に見舞われたりしたときに、社会は急激に変わっていく。みんながソワソワしはじめ、不穏な空気が世の中を包み、人々はせわしなく動く。でも、物事が沈静化した後で、当時のことを振り返ると「ただ右往左往していただけだったな」「結局動かなくても、変わらなかったな」と思えることが多いと、僕は思うのだ。

　そんなときにもっとも強いのは「いままでしてきたことを、愚鈍にやりつづけられる人」ではないだろうか。どっしり構え、細かな情報に一喜一憂せず、ときにはあえて、情報を遮断する。危機的な状況でこそ、愚鈍でありつづけることを心がけておきたい。

　何が正しいかわからず、混乱を極める状況では、普通のことを普通に続けるのが難しくなってしまう。僕自身も、焦って動いてしまったことがある。そして、失敗したときの原因の多くは、その焦りにあったように思うのだ。「10年後の僕が見たら、いまの僕はすごくバカげたことをしていないか?」。そんな視点をもつといいだろう。長い時間軸を意識して、自分の行動を観察してみよう。

# 本来の自分
# などない、
# と考える。

僕たちは日々の暮らしの中で「この人の前では謙虚な姿勢で」「あの人にはフランクに」というふうに、「自分」を常に調整し、使い分けている。そう考えると、数えきれないほどたくさんの「自分」がいて、「どれが本来の自分か、わからない」と悩む人もいるのではないだろうか。でも、僕はこう思う。そもそも「本来の自分」なんて、いないんじゃないか。

　「自分は本来、こんな人間」「私はこうあるべきだ」というように、自分で自分を決めつけて、そこから逃れられなくなり、苦しくなってしまう人がいる。もしあなたがそういう傾向にあるのなら、「ある場所での自分は、別の場所での自分とは、違っていいんだ」と考えてみることをおすすめしたい。その都度出てくる「自分」を認めてあげたほうが、肩の力が抜けるし、本来もっているポテンシャルを活かしやすくなるはずだ。

　「自己分析すれば『本来の自分』がわかり、正しい戦略を導き出せる」と考える人もいるだろう。僕はそれとは真逆の考え方をしている。「自分」も、もっと言えば「世の中」も、常に移ろいゆくもの。だから怪しいし、何もわからない。戦略なんてない。「いろいろやってみて、見えてきたものに、臨機応変に対応していくしかないよね」と考えている。「本来の自分」にこだわらず、「世の中こうあるべき」とも考えず、環境によって柔軟に変化していったほうが、うまくいきやすいと思うのだ。

# 本当に
# 「いつも」
# なのか
# 考える。

「あの人、いつもこうだよね」「自分はいつも〇〇だ」。こんなふうに「いつも」という言葉は、マイナスの意味で使われることも多い。それは「いつも」という言葉に、「いままでも、今後も、決して変わらない」というニュアンスが含まれているからだ。だからこそ、心の中で問いたい。「それって本当に『いつも』なの?」と。

たとえば、言い争いをする中で「キミはいつもこうだ」という言葉が、相手を深く傷つけてしまうことがある。それはその言葉に「キミには常にこの問題がついてまわる」「そしてそれは、今後も変わらない」という意味が含まれてしまうからだ。自分の存在そのものを責められているように感じれば、誰だって傷つくだろう。

人は誰かの性格を「いつもこうだ」と決めつけがちだ。でも、人の性格は変化するし、見えている性格は一面にすぎない。「案外そんな人じゃなかった」なんて、よくある話だろう。人の性格を決めつけるクセは、早めに直したほうが得策だ。

自分自身の性格だって、「いつも同じ」と思わないほうがいい。意外に思うかもしれないが、最近の僕の性格を一言で言うなら「そんなに勝ちたいわけじゃない」。勝つことにこだわりつづけた競技人生を終えたいま、性格が変わったのだ。その人は、本当に変わらないのか。その状況は、本当に変えられないのか。「いつも」のほとんどは、いつもじゃない。

# 人からの評価に、自分を乗っ取られない。

インターネットサイトの記事は、ページビューを稼ぐために、タイトルに工夫が見られる。でも、その工夫がいきすぎて、記事の内容とはかけ離れたタイトルになってしまうこともしばしばだ。「興味をもってもらおう」「楽しんでもらおう」とするあまり、結果的に内容とのギャップが大きくなり、あきれた読者が離れていく。そして結局、読んでほしかった記事が読まれない。過剰な演出が、負のスパイラルを生んでしまうのだ。

人からの評価を気にするあまり、その評価に自分を乗っ取られ、不本意な結果に終わる。こういう光景は、日常でもよく見かけるものではないだろうか。「人からどう見られるか」「どう思われるか」を気にしない人間なんていない。でもだからこそ、その気持ちをうまくコントロールすることを目指したい。

大切なのは「褒められること」や「評価されること」を目的にしないことだ。世間の評価に自分の居場所を見出してしまうと、人は空気を読みすぎて、自分自身を見失っていく。「いざというときは、評価を無視してでもやり遂げてみせる」。そういう心意気をもとう。

それから、「いいときほど、冷める」こと。これも忘れないでいたい。褒められているとき、自分がその評価に沿ってブレていってしまわないか、注意が必要なのだ。世間の評価なんて「うわっつら」だと思ってもいい。決して自分を乗っ取られてはいけない。

# 孤独は
# そんなに
# 寂しくない。

あえて孤独な時間をつくろう。僕はそう強く提案したい。SNSが発達し、たくさんの人たちと常につながっていられるようになったいま、孤独な時間は、すごく貴重なものになっているから。

**孤独な時間をもつことの一番のメリットは、否応なく、自分の内面と向きあわなければならないことだ。**仕事に家庭にSNSに――。僕たちは、常に他人のことを考えていなければならない日常を生きていて、自分に向きあう時間は、本当に限られている。だからこそ、意識的にひとりになる時間をつくるのだ。

理想は、何日間かまとめてひとりきりの時間をつくることだろう。でも、それは難しいから、通勤時間を「孤独な時間」に充ててみる。なるべくスマホに触らず、ひとりきりになってみよう。何かを考えようとする必要はない。人間、放っておけば考えてしまう生き物だから、ひとりでいれば自分のことを、自然に深く、考えはじめるものだ。

たとえば僕は、孤独な時間によく「自分以外の世の中なんて、全部バーチャルなのかもしれない」と考える。すると、地位とか名誉とか、周囲の評価とか、そういうものがどうでもよくなってくる。余計なことがそぎ落とされて、本当に大事なものが何なのか、わかってくるのだ。

自分は何をしたいのか。大事にしたいことは何なのか。孤独な時間をもつことが、あなたを原点に立ち返らせてくれる。

# 自分で
# 自分の
# 機嫌をとる。

大人になるということは「自分で自分の機嫌をとれるようになる」ことだと思う。**自分の機嫌に自分で気づき、自分で調整をかけていく。機嫌は、他人にとってもらうものではないのだ。**

　機嫌の悪さが、顔や態度に出てしまう人がいる。それはただ単に、機嫌の波にのまれてしまっているのかもしれない。または、「私は機嫌が悪い」と表明して、気を使ってもらえるよう、周囲にアピールしているのかもしれない。どちらにしたって、「子どもっぽい」行動だろう。機嫌を自分でコントロールできていないのだから。

　まずは、自分の機嫌を把握することから、はじめよう。「いつもはこんな言葉づかい、してたっけ?」「あ、貧乏ゆすりが出ているな」。こんなふうに、いつもの自分とは違う言動をしていないか、注意を払う。人それぞれ、機嫌が悪いときに出やすい仕草やクセがあるはずだ。それをまずは把握するよう、試みてみよう。

　それから、機嫌がよくなるルーティンをもつことも大事。**「朝、コーヒーを飲む」「休憩時間はひとりでボンヤリする」など、自分の機嫌がよくなるパターンを知っておく。**それをルーティン化すれば、機嫌の波は穏やかになる。

　機嫌を完全にコントロールすることは、なかなか難しい。でも、多少の起伏にとどめることができるなら、それだけでトラブルは減っていくものだ。自分の機嫌に、人生を振り回されないようにしよう。

自分のこと
操れてる?

一日の
はじまりは
「自分の観察」
から。

朝、目が覚めた瞬間、「自分の観察」をしているだろうか。アスリートにとっては重要な習慣だったから、僕には未だに、毎朝、自分の調子をチェックするクセが残っている。

　特別なことをしているわけではない。まずチェックするのは、空腹感や眠気だ。それから、立ち上がって地面を踏んだときの感覚も確かめる。言葉で言い表すのは難しいけれど、毎朝それらをチェックすることで「こういう感覚のときは、こういうコンディション」というふうに、きめ細かく自分の調子を把握できるようになる。

　そしてその「調子」を頼りに、その日のスケジュールを調整していく。「今日はスッキリ起きられたから、午前中にあの作業を片づけよう」とか、「頭がボヤッとしているから、事務仕事は明日に伸ばしちゃえ」といったように、調子にあわせて取り組む仕事を変えていく。こうすると、何事も効率が上がっていくのだ。

　いち早く自分の調子を知るためには、いくつかチェックポイントを設けるといい。僕の場合は「空腹感」「眠気」「足の感覚」だけれど、人によって調子が出やすい感覚は違うはずだ。「風邪の前兆」にイメージは近い。まず喉が痛くなる人、頭が痛くなり熱が出る人など、人によってさまざまだろう。そういう自分だけがわかるチェックポイントを、できればいくつかもって、毎朝観察を重ねよう。

# 休むことを
# 怖がらない。

「休むのが怖い」という人は案外多い。自分だけが取り残されてしまう、という心配があるのかもしれない。「つらい」ことこそ成果につながると信じていて、「つらくない」こと、つまり「休む」ことで、成果を出せなくなると考えるのかもしれない。

でも、休むことを避けるうちに、おそろしいことが起こる。心がプツッと切れてしまうのだ。 自分がやりたくて、休まずやってきたはずなのに、もうやりたくなくなってしまう。ここまでの精神状態になってしまうと、もう取り返しがつかない。

その前に、休む勇気をもとう。自分の意志で、強制的にログアウトするのだ。 もちろん、休むことへの恐怖感や罪悪感は、簡単にはぬぐえないだろう。そんなときは、休みの期間に、何か別のことに熱中することをおすすめしたい。アスリートであれば、別の競技をやることで、本業の競技を忘れることができる。会社員であれば、仕事とはまるで関係ない、趣味や勉強に時間を充てるのもいいかもしれない。

やってみると、「意外と休んでも大丈夫だ」と実感できるはずだ。ちゃんと休息をとれていると、効率は間違いなく上がる。いざというときに踏ん張りが効くようになる。するとさらに、休むことの大切さがわかってくる。

身体をいつも「準備万端」の状態にしておくために、どうか、休むことを怖がらないでほしい。

# 自分の
# 「正常」な状態
# を知っておく。

「ヤスリ並べテスト」というおもしろい検証がある。目の粗さが異なる、10本の棒ヤスリを、指の感触だけを頼りに、粗さ順に並べていくのだ。すると、だいたいみんな、2、3本は順番を間違えてしまう。

ところが、「これが真ん中です」というヤスリを教え、並べ直してもらうと、正答率が劇的に上がるという。基準がひとつあるだけで、判断の精度は上がるのだ。

自分自身の身体や精神面にも、同じことが言えると思う。**自分の調子の真ん中、つまり「正常」を知っておくことで、自分がいま、どんな調子なのかを正確に判断できるようになる。**

ヤスリを「粗さ順」に並べていくように、自分の調子を10にレベル分けしてみる。このとき「正常」と言える「レベル5」や「レベル6」とは、どんな状態だろう。それを検証し、知っておこう。

**たとえば毎日寝る前に、鏡の前で自分の表情を観察しつづけるだけでもいいだろう。** 毎日見ていると「これが正常なコンディションのときの顔だ」というのが、徐々にわかるようになる。そして、「正常な自分」がどんなものかがわかれば、「異常」にいち早く気づくこともできる。「自分はこのレベルだと、明日こういう状態になる」とパターン認識ができるようになれば、仕事を効率的にこなしたり、メンタル面を健やかに保ったりすることに、かなり役立つはずだ。

# 「勝負顔」をつくる。

うまくいくときと、いかないとき。集中できるときと、できないとき。陸上選手だったころの僕は「このゆらぎを、なんとか最小限にできないか」と考えてきた。プレッシャーのかかるレースでは、こういう心の微妙なゆらぎが勝負を分けるのだ。試行錯誤の末に僕は、試合前に「能面」みたいな顔をつくることにした。

黒目がキョロキョロと動かず、いつも一点を凝視しているような、無表情な顔。**はたからみるとちょっと怖い「勝負顔」を先につくり、それから勝負の気分に入っていく。すると、心のゆらぎは大きくなりにくかった。**

そんな経験もあり、僕は人間の感情は、顔から来ていると考えている。感情から顔がつくられるのではない。顔から感情がつくられるのだ。声にも同じことが言えると思う。声のトーンを低めに、ゆっくりしゃべってみると、自分自身が落ち着いていく。

バリ島の民族舞踊「ケチャ」では、中央で踊る人が仮面をかぶり、トランス状態に突入していく。**顔を剥き出しにする僕たちの世界でも、同じく「勝負顔」という仮面をかぶってみることで、より高いパフォーマンスをすることができるのではないだろうか。**

たとえばプレゼンでは、しゃべりはじめの表情が採否を分けることも考えられる。「大切なことを話している」という雰囲気を、表情から伝えていく。そんな「勝負顔」に引っ張られて、結果がついてくるかもしれない。

視点が
固まってきたら
「人、場、行動」
のどれかを
変える。

思考は頭の中で起こっていることだけど、実は外から
の刺激によって動いている。ただ座ったままでは、新た
な考えは生まれてこないものなのだ。たとえばアイデア
が浮かばないとき、コーヒーを飲む。散歩に出掛ける。
そんなレベルでも、思考が動き出すきっかけになる。物
事を見る視点が凝り固まっていると感じたら、「人、場、
行動」のどれかを変えてみよう。

　**特におすすめなのが「初対面の人と会う」ことだ。初
めて会う人と話すときは、そのパターンが掴めないから、
一つひとつ策を練って、会話を組み立てないといけない。**
一方で、日ごろ一緒にいる人同士の会話は、約8割が
定型のやりとりで済む――そんな研究結果がある。これ
では頭が凝り固まって当然だ。初対面の人との会話の
訓練を積むことで、狭い思考の世界から自由になろう。

　理想は、月に1、2回、初対面の相手と話す機会をも
つこと。それが難しければ、美容師やアパレル店員、い
つも挨拶する近所の人など、あまり親しくない人と話す
機会に意識を向けるだけでもいい。

　**ポイントは、「価値観が違うのはいいこと」という前提
に立つこと。** 僕はインターンの学生から、SNSの種類に
よって異なる言葉づかいの作法を教わったし、70代の友
人からは落語の醍醐味を教わった。こんなふうに、価値
観の違う人との出会いが、新鮮な刺激を生み出し、新
しい気づきを与えてくれるのだ。

# 年下に
# 教えを乞う。
# 売れていない
# 本を読む。

「年下はものを知らない」「売れていない本には、必要なことが書かれていない」。どちらも単なる思い込みだ。そんなふうに考えたまま過ごしていると、誰もが知っている情報の中だけで、一生を過ごすことになってしまう。そんな人生、僕はつまらないと思う。だから、固定概念の外へと、思い切って飛び出してみたい。

**固定概念を外すために僕が心がけているのは、仕事などで会う人に、おすすめの本を聞いてみることだ。** そしてその本を取り寄せて、読んでみる。さらに、その本の中で引用されている別の本も、読んでみる。

僕の本棚の9割は、そんな本で埋められている。僕の年齢では手に取りづらい、若者向けの本もある。自分から手を伸ばせなかったような、難解な本もある。ベストセラーばかり追い掛けていては、決して出合えなかった本の数々が、僕の思考の幅を広げてくれているのだ。

一方で、同じく「おすすめ」を教えてくれるものであっても、インターネットのレコメンド機能には注意しよう。**好みの本や店を次々示してくれる便利な機能だけど、その分、思考の幅を狭めてしまいかねない。** それに、「あなたは何が好きなの?」と聞かれても、自分で答えられない人になってしまうかもしれない。あえてレコメンド機能をあてにせず、本や店を自分で選んでみる。そんな経験も大切にしよう。こっちかな、あっちかなと迷った数ほど、自分自身を深く知ることができるはずだ。

好きなもの
リストを
つくってみる。

自分の「好き嫌い」をちゃんと把握している人は、意外に少ないと思う。「得意不得意」よりも基準があいまいだし、年月が経つごとに変わっていくものだからだ。

　**でもだからこそ、あなたがいま、何が好きなのかを知っておくことは、自分自身を深く知るための近道でもある。**より整理して考えてみるために「好きなものリスト」をつくってみてはどうだろう。

　やる気が出る場所、テンションが上がる食べ物など、自分が前向きになれるものを、細かいものでも思い出し、リストに書き出しておく。それから、仕事や用事からの帰り道で、今日の体験は好きだったのか、嫌いだったのかを仕分けして、これもリストに書き出しておく。

　「みんながいるところではなく、こっそり褒められるほうが好きかも……」などと、「好き」を細分化できれば、なおいい。**「好き」を具体的に、高い解像度で知ることができれば、自分のモチベーションを自在にコントロールすることだって、できるようになるはずだ。**

　それだけではない。「好きなものリスト」は、何かを選択するときの基準にもなる。僕は100mと400mハードルのどちらを主戦場にするか迷ったとき、それぞれの好きなところをリスト化してみた。400mハードルを選んだのは、100mのリストより、400mハードルのリストの項目のほうが多かったからだ。僕が陸上競技で結果を残せたのは、実はこの判断があったからだった。

# あえて
# 例外に
# 注目する。

「O型の人は大ざっぱ」なんて、血液型診断には書かれている。だけど、O型の人が全員そうであるわけがない。それから、「日本人の野球選手は技術面ですぐれている」といわれるけれど、技術なんかより、とにかくパワーがものすごい選手だっている。そんなふうに、「何であの人、ああいうことになっているの？」という、大多数の枠組みから漏れ出ている「例外」にこそ注目してみよう。

そこにはもしかすると、何か別の法則がひそんでいるかもしれない。「O型はこういう性格」「日本人選手はこんな特徴」という固定概念からログアウトしてみることで、物事の本質が見えてくることだってありえるのだ。

「例外」というときに、僕たちが無意識につくってしまっている「例内」、つまり「枠組み」を意識してみるといい。そして、その枠組みを疑ってみる。「そもそも性格を血液型で分類する根拠ってあるの？」。さらには、枠組みを変えてみる。「野球選手は国籍じゃなくて、骨格に着目したほうが、うまく分類できるのでは？」。物事を捉える枠組みをいったん壊して、再構成してみよう。

ビジネスの世界でも、考え方は同じだ。意識的に「ニッチ」なものを探していくことで、新しい事業がはじまったり、新たなヒントが生まれたりする。あえて例外に注目することで、想像もつかなかった道が見つかるかもしれない。

# すぐに
# 検索しない。

わからないことがあると、すぐにインターネットで検索し、画面に出てくる情報を「答え」だと思って安心してしまう。でも本当は、画面に出てくるものはあくまで「情報」であって、「答え」ではない。肝心なのは、その「情報」を、自分なりにどう捉えていくかだ。ところが、インターネットとの向きあい方って、人によってひどく大きな差があるような気がする。

　僕はべつに、「検索は最終手段」と言うつもりはない。僕も気になることは、なにかと検索してみるタイプだ。**でも、まずは自分なりの仮説を立ててみた上で、検索の窓と向きあってみるのがいいと思う。**

　それに、画面に表示される「情報」の数々は、一つひとつ、発信者の視点や立場、主義主張、取材の量などによって多種多彩だ。だから信用度も、ものによってバラバラになる。その「情報」の信用度が50%くらいなのか、100%なのか、はたまた10%程度なのかは、その都度、自分自身が判断しないといけないのではないだろうか。信用度が低ければ、「答え」にたどり着くのに時間がかかるだろう。でも、その労力を惜しまない。**少しでも不安に思うなら、他のサイトや文献を調べて、自分なりの見解を築く。そういうクセをつけていこう。**

　「情報」の発信者の経歴を、あらかじめ調べておくのもいい。このひと手間で、情報の信用度がどのくらいか、ある程度、判断できるようになっていくはずだ。

「答え」の
センスではなく、
「問い」の
センスを磨く。

物事について考えを深めていく作業では、「いい答え」を見つけた人のことを「センスがある」と思いがちだ。でも、他人が立てた「問い」に、いくら「いい答え」を出したところで、考えはそれ以上、深まらない。そもそも「いい問い」がないと「いい答え」はありえないのだから。

　**「センスがある」とは、「いい問い」を見つけ出せるということだ。そういう人は、自問自答をずっと続けられるから、どこまでも考えを深めていける力をもっている。** いかに「問い」を自己生成できるか。この能力は、激動の世界を生き抜くうえで、必須のスキルだと思う。だから、「答え」のセンスよりも、「問い」のセンスを磨こう。

　「問い」のセンスを磨くためには、本を読んだり、さまざまな分野の人と話したりと、たくさんの情報にふれるように努めたい。**自分とは違うものの見方、考え方を意識的に吸収していくことで、「あの人ならこんな疑問をもつかも」というふうに「問い」の幅を広げていける。**

　それから、常に「なぜ?」「それ何?」と考えるクセをつけよう。たとえば新しい技術が出てきたとき、「ところで、それって何?」と問いかけ、それが社会をどう変えるのか、仮説を立てる。想像力を働かせて踏み込み、完全に理解できなくても、自分なりに輪郭を掴んでいくのだ。「問い」について考えること自体を、おもしろがってしまおう。

# 「事実」と「意見」を切り分ける。

「事実」と「意見」。この2つをゴチャ混ぜにしてはいけない。2つを混同してしまい、精神的に不安定になっている人が、とても多いと感じている。

たとえばメールの返信がなかなかこないとき、「返信がきていない」ということだけが事実なのに、「忙しいのかな?」「嫌われているのかも?」というあなた自身の意見も、「事実だ」と思い込んでしまうことはないだろうか。こういうことが重なっていくと、**どこまでが事実で、どこからが意見なのか、その境界線がどんどんわからなくなっていってしまう。**

人は「事実」を自動的に判断し、「意見」に変換していくクセがある。それを意識的に止める練習をしてみよう。**僕が実践してみて役立ったのは、絵画のデッサンをするようなイメージで、目の前で起こっている事実のみを、ひたすら言葉にしていくことだ。**何かに書き出してもいいし、頭の中でつぶやくだけでもいい。「海がある」「波が立っている」「波は白い」「海岸に3人の人がいる」など、「事実」のみを描写していく。そして、「波が高いからサーファーが喜ぶかも」とか「あの3人は家族だろうか」とか、そんな「意見」とは切り分けていく。

こんなふうに練習していくと、心の乱れを感じたときに、とっさに「事実」と「意見」を整理して、落ち着くことができるはずだ。

# 言葉の解像度を上げる努力。

「不条理」「不公平」「理不尽」。それぞれ似たような言葉だけど、実は少しずつ意味が違う。あなたはこういう言葉を、きちんと使い分けられているだろうか。辞書的な意味に限らず、一つひとつの言葉にこだわって「言葉の解像度」を上げる努力をしよう。

　たとえば足が痛いとき、「足が痛い」と言うだけでは、どこが痛いのかがぼやけて、伝わりづらい。「太ももの筋肉が痛い」「内転筋が痛い」というように、より具体的に、より正確に、痛みの範囲を伝えるためには、言葉と意味を正しく知っておく必要がある。

　それから、冒頭の話にも通じるけれど、言葉の定義の違いにも着目しよう。「夢」と「目的」と「目標」はどう違うだろうか。自分なりに使い分けるとしたら、どうやって区別するだろうか。それでは「痛み」と「苦しみ」は。「愛」と「恋」は。やっていくとキリがないけれど、こんなふうに自問自答を繰り返して、自分なりに言葉の意味を決めていこう。

　この作業を続けていくと、言語能力がぐんぐん伸びていく。自分の思考を正確に、そして魅力的に、相手に伝えることができるようになる。それだけではない。物事を観察したり、研究したりするときに、より深く、対象について理解できるようにもなっていくのだ。頭の中にある言葉の意味がはっきりしている人ほど、形のない、抽象的な物事への理解も、スムーズなものだと思う。

# 1週間後に振り返って、恥ずかしい行動はするな。

カーッと頭に血が上っていたり、焦っていたりするとき
は、ものの見方がだいたい歪んでいる。それはまるで深
夜に書いたラブレターのようなものだ。勢いで行動して、
後悔することを防ぐには、ちょっと長めの時間軸をイメー
ジしてみるのがいい。「1週間後に振り返って、恥ずかし
くないか」。こう意識すると、冷静な目で自分の行動を観
察できるようになる。

　未来のどの時点から振り返るのかは、行動の性質に
よって変えていく。たとえば、冒頭のラブレターのように、
感情的な言動については、1週間後をイメージするくら
いがちょうどいいと思う。一方で、仕事上のプロジェク
トなどは、1年後や10年後など、より長い時間軸で考え
てみるのがリアルだ。いま、おもしろそうだからといって、
突っ走ってしまうのは危険だ。未来の視点から眺めてみ
ても必要とされるものなのか、よく吟味しよう。

　競技の世界でも、それは同じだった。ビックリするよ
うな記録が出ても、10年後には塗り替えられる。定説
だと思っていた理論が、1年後に間違いだったと証明さ
れる。いま確かなことが、未来でも確かなわけではない。
そんなことを、僕は陸上競技の世界で学んだ。

　ある程度年齢を重ねた人であれば「20歳の自分」か
らの視点を意識してみてもいい。「死ぬ間際」からもあ
りかもしれない。ものの見方の歪みは、現在以外からの
視点を加えることで、だいぶ修正されていく。

# 「ちっぽけな自分」を感じられる経験をする。

海の近くに暮らしている僕は、時々、誰もいない海岸に行ってみることがある。そして、波に身をまかせて、ただだだ水面を漂ってみる。**大きすぎる海を、肌で感じる。すると、日々の数々の悩みについて「いったい、それに何の意味があるんだっけ?」という気分になっていく。**

自分の存在は、ほとんど大勢に影響を及ぼさない。広大な海に覆われた地球を、これまた広大な宇宙から眺めてみれば、そこに漂う自分など、本当にちっぽけな「ゆらぎ」にすぎない。その程度のものである「自分」とは何だろう。それを考えること自体、しょうもないことだと気づく。ジタバタしても仕方ない。「こうしなきゃ」と思うことを、手放してしまおう。

とはいえ、「だから何をやっても意味がない」とあきらめてしまおう、ということではない。むしろ、僕は海の上で、こんなことを思う。**「すべてに意味はないのだから、思うように、一生懸命やってみよう」。**

僕たちはついつい、狭い人間関係や短い時間軸だけで、物事を捉えようとしてしまう。でも、視野を広げてみれば、ほとんどの悩みはちっぽけなものだと思えてくるはずだ。だから、悩んで悩んで、身動きがとれなくなる前に、ちょっとだけ動いてみよう。そんなときに海はいい。山もいいかもしれない。大きな空の見えるところへ行ってみるのもいい。何か巨大なものに身をゆだねて、「ちっぽけな自分」を感じられる体験をしてみよう。

「素直」は
心を打つ。

悩んだら、
引いて、
ずらして、
余白をつくる。

悩みに対して真っ向勝負しても、いいことがない。「ここまで悩んでも答えが出ないなら、ちょっと保留!」「そもそもこの悩み、他のことより重要なのかな?」。**そんなふうに、意識的に引いたり、ズラしたりしてみる。僕はそれを「戦略的現実逃避」と呼んでいる。**

　僕たちの脳は、同じことばかり繰り返し考えていると、その思考の回路ができて、ずっと考えつづけてしまうものらしい。マイナス思考の回路ができる前に、他のものに興味を向けてみよう。悩みとはまったく関係のないもののことを、意識的に考えてみるのだ。

　たとえば、ある悩み事で「眠れない」と感じたら、スマホのゲームに熱中してみる。「悩まないで眠る」なんて無理な話だから、別のことに意識を集中させてしまうのだ。僕はアスリート時代、「地面に足をどう着くか」を気にしすぎて、スランプに陥ったことがある。そんなときに試してみたのが、手に鈴をつけて走ることだった。鈴の音だけに集中して走れば、足のことは考えなくて済むからだ。そのくらい露骨に別のことを考えれば、悩みは自然と遠ざかっていく。

　**こんなふうに、悩みから一歩引いて、意識をズラすことで、いずれ心に余白が生まれてくる。**そうなれば、もう悩みに引っ張られず、新しいことを考えることができるはずだ。悩みと冷静に向きあうこともできる。「現実逃避」が妥当な戦略になることもあると覚えておきたい。

思う存分
落ち込む。
愚痴りたいだけ
愚痴る。

誰でも落ち込むことはある。僕自身も、感情が揺れ動きやすい性格だ。だからこそ、感情の起伏をコントロールするにはどうしたらいいか、いつも考えてきた。そしてたどり着いた結論が「思う存分落ち込む。愚痴りたいだけ愚痴る」。**中途半端にしないこと、それをいまは、落ち込むときの作法にしている。**

　以前の僕は「落ち込んでいる場合じゃない」「もっとがんばらないと」と無理に自分を奮い立たせるあまり、結局、つまずくことを繰り返していた。そんな失敗から、思い切り落ち込み、そこから再び跳ね返したほうがうまくいくことを学んだのだ。愚痴も同様だ。「愚痴っちゃいけない」という一般論なんか、どうだっていい。スッキリするなら、思い切り愚痴るほうがいい、と考えるようになった。

　**ただし、落ち込む場合も愚痴る場合も、注意点がある。それは、期間を限定することだ。** 1週間なのか、1カ月なのかは、落ち込んでいる事柄や、心のダメージ具合によって変わってくるだろう。それでもとにかく、自分自身で期間を決めて、落ち込むのも愚痴るのも、それ以降はピシャッとやめるのだ。

　心のありようは複雑で、時間でキッチリと決められるものではないかもしれない。でもここでは、あえて形式的に、心を管理してみることを提案したい。心の回復プロセスを、システマティックに築き上げてしまおう。

# ネガティブな感情は、文章にして解放する。

心の中にネガティブな感情を溜め込まないようにする
ために、どうするか。僕はとにかく、頭の中にあることを、
文章にしてみるのがいいと思っている。

「なぜ、こんな気分になったのか」「イライラしている原因は何か」。思考を整理して、文章にしていく。はじめは
箇条書きでも、支離滅裂でもいい。繰り返し書いていく
ことで、考えを言い表す力が高まっていくのだ。

かつて、体罰をするコーチを僕はけっこう見てきたけ
れど、そういう人の言語能力は例外なく低かった。「うま
く言えない」という問題は、意外に深刻だ。言葉にで
きないと、ネガティブな感情は溜まっていく一方で、その
うち爆発してしまう。そうならないためにも、その都度、
気分を言葉にし、文章として書き出していこう。

そして、書いたものは少し時間をおいてから、必ず自分
で読んでみてほしい。すると、当時の気分を、より冷静
に観察することができるはずだ。特にネガティブな感情
は、のちのち読み返したとき、たぶん「冷める」。怒りや
悲しみにまかせて書きなぐった文章は、論理の破綻を起
こしていることが多いものだから。そんな文章を読み返
すことで、自分の気分によって、いかにものの見え方が
変わっているのかを実感できる。すると、「こういう気分
のときには、こんな言動をしてしまう。それではダメだ」
というように、自分の思考と行動のパターンをおのずと
掴むことができるのだ。

# 心の中で「実況中継」をしてみる。

苦手な人と、一生顔をあわせなくて済むのなら、どんなにラクだろう。でも、現実世界ではそうはいかない。**どうしても苦手な人と時間を過ごさなければならないとき、僕は心の中で「実況中継」をはじめる。**

　いま、目の前で起きている状況を、声には出さずに「実況」してみるのだ。すると、イライラや怒り、怖がる気持ちが消えていく。困っている自分を楽しむくらいの、心の余裕だって生まれてくる。

　たとえば、話が長い上司に仕事中話しかけられたら、「おーっと、またしても出た、若いころの武勇伝。今週ですでに7回目だー！」などと実況し、怖い取引先に怒られているなら「怒っています。クドクドと嫌味を言っています。おーっと、怒鳴った！大きな声です！」などと心の中で叫ぶ。

　**特に怒られたり、文句を言われたりするときには、しおらしくしている態度のほうが、その場が収まりやすい。心の中で実況中継しつつ、やりすごすのが一番いい。**

　ただ、もしもその状況を理不尽だと思い、立ち向かおうと思うなら、顔を上げ、まばたきをせずに、怒っている人の顔をジッと見つめてみよう。不気味に感じて、調子が狂うから、相手の物言いも変わってくる。打たれっぱなしでいるように見せて、カウンターパンチをお見舞いするのだ。やられるままのモードから自分を救い出そう。

# 「うらやましい」を素直に認める。

「うらやましい」という気持ちを、恥ずべき感情だと思っている人は多い。「子どもっぽいから言葉にするのはやめなさい」と言われて育った人もいるのではないだろうか。でも、自分の中にある「うらやましい」気持ちを認めずにいると、負の感情が心の奥底に沈殿してしまう。嫉妬の感情は、素直に、瞬間的に言えるよう、練習しておくほうがいい。

僕自身、若いときは嫉妬の感情が強かった。陸上競技の世界には、順位や記録、代表選考など、激しい争いが常にある。いままで自分がいたはずの位置に誰かがいると、強烈な嫉妬心を覚えた。一方で彼らは友達でもあったから、「友達に嫉妬するなんて、自分はおかしいんじゃないか」と悩んだこともよくある。あのとき、「おまえ、うらやましいなあ」と素直に言えていたら、どんなにラクだっただろう。当時の自分に会えるなら、「認めてしまえ」と言ってやりたい。

抱え込むのではなく、言葉にして認めてしまうことでラクになることは、ほかにもいっぱいある。コンプレックスも、そのひとつだろう。他人から見れば意外とちっぽけ、ということも多いし、自分で勝手に「大ごと」にしてしまっているだけかもしれない。だから、自分のコンプレックスをネタにしてしまえるくらいのスタンスが、ちょうどいい。心の中に溜め込んで、負の感情に浸ってしまう前に、素直に、さっさと認めてしまおう。

# コツコツ 「小さな恥」 をかく。

人前で緊張してしまう大きな要因に「恥ずかしい」という感情がある。「恥ずかしい」は「失敗を見られたくない」とも言い換えられる。

たどたどしく話す自分を見られたくないから、スピーチの機会を避ける。間違ったことを言うのが怖いから、会議で発言できない。**あなたがもしもそんな状況にいるなら、「小さな恥」を意識してみよう。ちょっとだけ恥をかくことを、コツコツ積み重ねるのだ。**

以前の僕も、人前で発言することが苦手だった。でも実際にしゃべってみて、失敗して、恥をかくということを何度か経験して、あることに気づいた。「僕の失敗に、まわりは大して反応していない」。**自分が思う恥の範囲は、他人の恥の範囲より広いものなのだ。**そうわかってからは、緊張の糸がほどけて、心の余裕がだいぶ広がっていった。

「恥によって信頼が落ちる」と心配する人もいるかもしれないけれど、それも気にする必要はない。失敗する人を見る世間の目は、案外あたたかい。愚直に、一生懸命に取り組む姿に「不器用だけど、この人、毎回ちょっとずつ自分なりに殻を破ろうとしているな」と、周囲は感動すら覚えることだってあるのだ。

「小さな恥」をたくさんかいた人は、「しょうがない。こんな自分でしかない」と、素直に認めることができる。自分を認めている人は、緊張なんてめったにしないのだ。

「向いていない」
のではなく、
「慣れていないだけ」
と考える。

人には誰しも、「向いていない」ことがある。資料づくりが苦手とか、球技はどれもうまくできないとか。でも、その向き不向きの判断を、急ぎすぎていることはないだろうか。**少しやっただけで「向いていない」と決めつけるのではなく、「慣れていないだけ」と考えて、チャレンジしてみよう。**

　苦手意識があっても、やっていくうちに慣れて、うまくこなせるようになることは、よくある話だ。何度か経験を積んでみると、パターンが掴めてきて、気後れせずにできるようになるのだ。「向いていない」という思いを、経験による「慣れ」で埋めていくようなイメージをもてるといいかもしれない。

　もちろん本当に「向いていない」ということもありえる。**「向いていない」のか「慣れていない」のかを判断する基準として、その分野で実績のある人を見てみることをすすめたい。** はじめは「かなわない」と思ったとしても、その人に近づけるよう、一応努力してみる。一定の期間が過ぎたときに、続ければ追いつけるのか、がんばっても追いつけないのか、自分自身で判断を下すのだ。

　前者なら、慣れていなかっただけ、後者なら、向いていなかったと考える。一度、誰かを追いかけてみることで、その人との距離が、肌感覚で見極められるようになってくるのだ。その山は挑みがいのある山か、自分自身に問いかけてみよう。

なんでも
ひとりで
やりすぎない。

陸上を引退して、会社を立ち上げて数年間、あること
に悩みつづけていた。僕は強烈に、事務仕事が苦手な
のだ。しかも、「会社のことは、経営者がすべてやるべ
き」という考えが強かった。陸上選手時代はコーチもつ
けず、なんでもひとりでやってきたからかもしれない。そ
の考えから抜け出せず、事務仕事に取り組んで、失敗し
て落ち込んで……という負のサイクルを繰り返していた。

　でも、ある日突然、解決策に気がついた。**「これ、得
意な人にやってもらえばいいんだ！」。いま考えれば当た
り前のことだけど、当時は強い衝撃を受けたものだ。**ハー
ドルで言えば、9台目と10台目を他人に任せられる。僕
は8台目までを極めればいい。「こんなことがあっていい
のか」とビックリした。僕はそれ以降、事務仕事を得意
な人に任せるようになった。

　**社会には、自分の苦手なことを、いとも簡単にこなして
しまう無数のスペシャリストがいる。**それならば、苦手な
ことはきっぱりとギブアップして、彼らに任せてしまうの
もひとつの手だ。ギリギリになって「できませんでした」
では致命傷になってしまう。だから、勇気をもって早め
に切り上げることも、大事な選択なのだ。

　そして、「わかったフリ」よりは「わからないフリ」を
することも忘れてはいけない。人間は基本的に教えたが
り屋だ。教える側はハッピーになるし、教わる側の知識
は増える。一石二鳥とは、まさにこのことだ。

# 「衰え」は 技術を磨く チャンス。

自分の思うように頭や身体が動かなくなったとき、人は「衰え」を感じる。もうずっと下降線なのだと、落胆してしまう人もいるかもしれない。でも、僕はそうは思わない。「衰え」は、技術を磨くチャンスだ。

　物事が好転しているときに、人はわざわざそのやり方を変えようとは思わないものだ。**でも、衰えてうまくいかなくなると、必死で考えなければいけなくなる。** 何に需要があって、何が不必要か。何を伸ばすべきで、何はあきらめるべきか。頭をフル回転させて、選択して、いいところを磨いていく作業が必要になる。だからこそ、さらなる成長が期待できるのだ。

　そしてそれは、衰えに限った話ではないと思う。人生には、いろんなアクシデントがある。たとえばケガをした場合は、痛みを覚えるだろう。「ここが痛いのはなぜだろう」「どうすれば痛くなくなるのだろう」「この痛みがある中でも、できることは何かないだろうか」と考えはじめる。**同じように、何かに対して違和感があるとき、その違和感を起点にして、物事をより深く考えていけば、事態を好転させる分岐点になるかもしれない。**

　「衰え」も「痛み」も「違和感」もピンチではなく、チャンスなのだ。解決策を考え、優先順位をつけ、取捨選択をしていく作業は、必ず技術の向上につながる。マイナスをプラスに変えるほどの経験にもなりえる。

# 職業は
# 「ツール」に
# すぎない。

競技生活を引退するアスリートから、次にどんなキャリアを築いていくか、相談を受ける機会がよくある。そんなとき、僕は「何の仕事がしたいか」ではなく「どんなことが好きなのか」をまっさきに聞いている。**その理由は、僕が「職業は好きなことを実現していくための『ツール』にすぎない」と考えているからだ。**

　子どもに「夢は何ですか」と聞くと、「サッカー選手」「パティシエ」「消防士」など、ほとんどの子は職業を答える。でも、夢を考えるときに本当に大事なのは、職業そのものではなく、「何をしたいのか」だと思う。たとえば「いい会社に入ること」を目標にすると、内定をもらった時点がゴールになってしまいかねない。

　僕も、もともとは「オリンピアン」が夢だった。でも、それが叶ったとき、それはあくまで「ツール」だったんだと気がついた。**僕はオリンピアンになって「人をおどろかせたかった」のだ。「日本人が陸上競技でメダルを取るなんて!」とおどろかれることが夢だったのだ。**

　職業という「ツール」で叶えるものは何でもいい。「人を幸せにしたい」「黙々と作業したい」「とにかくお金を稼ぎたい」「趣味のために最低限の収入を得たい」。きっと、人それぞれだろう。その道を選んだ理由さえちゃんとあるのなら、それでいいのだ。職業は「ツール」。そう思えれば、ためらうことなく使い倒せるし、ときには交換だってできるはずだ。

# 人生は
# 暇つぶし。

たとえ陸上競技で世界一の人間でも、1000年前の世界だったら、「村で一番足が速い男」という評判が立って、それで終わりだったのだろう。**そう考えてみると、誰にとっても、いつの時代でも、共通で価値があることなんて、何もないのかもしれない。だったら、結局は、自分の思うようにやるしかないのではないか。**

　僕は、人生の苦しさのほとんどは、自分自身について「この部分はすばらしいけど、ここはすばらしくない」と思い悩んでしまうことにあると思っている。「すばらしい」とか「すばらしくない」という価値観から離れてしまえば、肩の力が抜けて自由になれる。あとはそれこそ「なるようになる」と思うのだ。

　なにもみんながみんな「世捨て人」みたいになれ、と言いたいわけじゃない。人の評価が気になるのは、当然のことだ。**でも、思い悩んだら、そのことからちょっと距離をとって考えてみるといい。そのときだけでも「ま、人生って暇つぶしだよね」と考えられれば、生きていくのはずっとラクになる。**

　何か、あらがうことのできない運命に悩んでいる人に、僕はこの言葉を伝えたい。「人生は暇つぶし」だ。あまりに周囲の期待が高かったり、注目を集めていたり、勝敗が決まるレールに乗ってしまっている人たちにも、僕はこの言葉を伝えたい。「人生は暇つぶし」。

# 無邪気な
# モチベーション
# を保つ

無邪気に「楽しい！」と感じられることは、モチベーションをグッと引き上げてくれる。反対に、人から強制されていたり、義務的に仕方なくやっていたりすると、モチベーションはものすごく下がる。僕たちのやる気って、そもそもそういうものではないだろうか。いやいや取り組んでみたところで、思うような効果は出ない。**仕事でもプライベートでも、「楽しい！」という無邪気なモチベーションを、いかに保つかがポイントだ。**

　モチベーションを維持するうえで、「how思考」という考え方はとても有効だと思う。たとえば、登山中に「なぜ（why）この山に登るのか」と考えても、足取りは軽くならない。それよりも「どうやって（how）登るのか」と考えてみる。すると、置かれた状況そのものを楽しめるようになる。「どうやって」には、自分で自由に考えられる余白があるから、それがワクワクする楽しい気持ちにつながっていくのだ。

　無邪気なモチベーションを保つ方法は、人それぞれ。「社会の役に立つ」と思えるときに、モチベーションが上がる人もいるだろう。みんなに感謝されることが原動力になる人もいれば、とにかくモテることがやる気につながる人もいる。「やる気スイッチ」は、一人ひとり違う場所にある。**だからこそ、「この状態に入ったときに、自分はがんばることができる」ということは何か、自分自身で探っておこう。**

# 幸せの鍵は「なにげなさ」にある。

「幸せ」って、人それぞれ。そうは知りつつも、なんとなく「お金持ちになる」「社会的に影響力をもつ」といった、目に見える成功が「幸せ」につながっていると、人はどうしても考えがちだ。

でも、成功している人って、ほんの一握り。そう気がついてもいるはずだ。「いつかは成功できるんだ！」と夢を見ながら幸せを保つのは、もはや厳しい世の中になってきている。ならば、そんな時代に、僕たちはどんな幸せを追い求めればいいのだろう。

**幸せとはもうちょっと、本能に近いところで感じるものではないか。僕はそんなふうに思う。** 食べること、睡眠、性に関すること、肌で感じるもの——。最近、僕がもっとも幸せを感じるのは、海辺で風に吹かれて、ボーっとしているときだ。ただ風に吹かれて、何を考えているわけでもない時間が幸せなのだ。そういう「なにげない」ことこそが、幸せに近づく鍵なのではないだろうか。

**それから、「加速しないもの」を幸せの基準にもつと、人間は幸福を維持しやすいと思う。** 「加速しないもの」とは、たとえば、「仕事終わりの1杯のビールが美味い！」という感覚のことだろう。その瞬間の、その一杯が美味い。それだけで満たされる。たったそれだけのものだ。幸せの鍵は、なにげなくて、加速しないものにこそ、隠れているものだと思う。

ときには
立ち止まる。

「あきらめるな」
から
自由になる。

「人間は常に意識をしていないと、基本的になまける生き物だ」という考えに、僕は疑問をもっている。僕の考えはこうだ。**「人間には根源的に、成長していこうとする力が備わっている」。だから、向かないと思ったらあきらめていいし、嫌なことからは逃げていい。**その分、得意なことや、好きなことを探していけば、そこで勝手に成長していけるのだ。

極端なたとえだけど、病を患い、あと数年しか生きられないとすれば、限られた人生を何に費やすのか、真剣に考えるだろう。そして、それ以外のことはあきらめていく。いろんなことに手を出していては、大切なことに使える時間が減ってしまうからだ。

一方で「人生100年」と言われると、まだまだ時間がある気がして、急に考えが甘くなってしまう。でも、残りの時間が何年あろうと、有限なことには変わりがないのだ。**あきらめずにやっている向いていないことや、逃げずにやっている嫌なことのせいで、出合えていない得意なことや好きなことが、絶対にある。**

あなたが生きている人生の横には、別の無数の人生の選択肢が広がっている。自分の可能性を狭めているのは、自分自身なのかもしれない。「あきらめちゃいけない！」「さぼっちゃいけない！」――。そんな、自分を縛っている言葉たちから、もっと自由になってみよう。

# 努力は
# 夢中に
# 勝てない。

あなたはいま取り組んでいることに、「夢中」になれているだろうか。「がんばっているのに結果が出ない」「努力しているのに報われない」と感じているなら、一度立ち止まってみよう。「努力」と考えず、気づいたら「夢中」になっていた、という何かを探すために。

「夢中」でやっていることは、誰かからプッシュされることもなく、自分自身で没頭し、どんどん深いところまで潜っていくことができる。反対に、「努力」してやっていることは、「夢中」なことと比べて、あまり深い地点までは到達できない。「努力」と考えてしまっている時点で、どこか自分を無理矢理プッシュしているところがあるものなのだ。

だから、「夢中」になれる分野をもっている人は、それだけで強い。その分野に取り組む情熱も、集中力も、ハンパではない。**努力は夢中に勝てないのだ。だからこそ、夢中になれる何かを探すのは、大切なことだ。**

夢中になれているかどうかを見極めるとき、わかりやすいのが「プロセスを楽しめているか」ということだ。たとえば、「毎日1件の契約をとる」という目標をもっている営業マンが、それを達成できなかったとしても「営業すること自体が楽しい」「お客さんに会えるのがうれしい」と思えているかどうか。**目標達成ではなく、その過程を楽しめているのであれば、結果はおのずとついてくるはずだ。**

# ほどよい 無責任さ をもつ。

僕は一時期、アメリカに住んだ経験があるけれど、日米の大きな違いは「迷惑」への感覚だと思っている。アメリカ人は、失敗して人に迷惑をかけても、日本人ほど気にしない。そのよしあしはともかく、僕は何か行動を起こすためには、アメリカ的な感覚が必須だと思う。

　**僕たちは、人様の迷惑にならないか、常に気にしてしまうところがある**。だから、予想のつく範囲で行動したがり、新しいことをはじめる土壌が育ちにくいのかもしれない。でも僕は、そもそも責任って、ひとりでとりきれるものなのか、と疑問に思う。とりきれない責任のことを気にするよりも「ま、しょうがない」程度で考えたほうが、絶対に強い。**予想の域を超えた、新しい何かをはじめるためには、「ほどよい無責任さ」が必要なのだ。**

　そのとき大事なのが、人からの「期待値」をコントロールすること。アスリート時代の僕を知る人は「為末大は、やり抜く人」というイメージをもっていることがある。でも僕は全然、そんなタイプじゃない。「とりあえずやってみて、ダメならやめちゃおう」という前提で、いろんなことに挑戦してきた。

　だから僕は、そのイメージとのギャップを埋めるために、「自分はいかに無責任か」をセルフプロデュースすることにしている。「これはただの実験ですから」と、途中でやめてもいいように、あらかじめ予防線を張っておく。そうして挑戦の機会を増やしているのだ。

やめるための
「儀式」を
つくる。

成人式のように「今日から、あなたは大人です」という明らかな区切りが設けられる経験って、人生の中であまりない。切り替えるきっかけがないから、新しいスタートを切りたいときにも、過去の習慣をずるずると続けてしまいやすい。過去への未練を引きずってしまうことも、しばしばだろう。

　すっきりと新たな気持ちでスタートを切るために、僕は「あのとき、あれを終わらせました」「あの瞬間から僕は『こっち側』に来ました」といった感覚を、もっとはっきりと残しておくべきだと思っている。**成人式のように、何か「儀式」を経ることで、自らの手で過去にピリオドを打ち、終わらせてしまおう。**

　現役を引退した1、2日後のこと、僕も陸上から離れるための「儀式」を実践した。自宅にあった陸上関連のあらゆるものを一掃したのだ。いままでに手にしたトロフィーやメダルは実家に送り、そのほかのものはすべて捨てた。生活空間の中に、陸上競技を思い出すものを、ひとつたりとも置いておきたくなかったのだ。

　**このとき僕には、「ゼロに戻す」という感覚があった。物理的に、二度と後戻りできない状態にして「終わった話にする」ことが大切だったのだ。**この「儀式」があったおかげで、僕は未練を引きずらず、すっきりと次のステージに進むことができたと思っている。

大きな
決断ほど、
勘に
ゆだねてみる。

僕は、人生の戦略をさほど綿密に立てるタイプではない。「こうじゃないかな」という勘に頼って選択を続け、言葉は悪いけれど、「あてずっぽう」に生きているのだ。**大きな決断であればあるほど、勘を大事にしている。それで後悔したことはない。のちのち辻褄があってくるものなのだと、どこかで信じているのだ。**

転職、結婚、家の購入——。そんな大きな決断を勘なんかに委ねてしまって、間違ったりしたらどうするのか、引き返せないじゃないか。そう思う人がいるかもしれない。でも、僕は、「引き返せないことって、本当にあるのかな?」と思う。なにもかもが「0か100か」で語られがちだけれど、現実はそんなスパッと割り切れるものではないのだから。

**いくら冷静に考えたところで、大きな決断には「答え」なんてないものだ。だったら、「エイヤッ!」でいくしかないと、僕は思っている。**

もっと言うと、その決断が、あなたが悩むほど本当に大きいものなのか、という視点ももっておきたい。振り返ってみたら大した局面でもなかった、ということは、案外よくある。そもそも「決断」だと構えてしまうから、行動に移せていない可能性だってあるはずだ。

自分の勘を信じて、ときには「エイヤッ!」と決めてしまう。そんな選択肢ももっておくと、大きな決断をするときの心が、ちょっと軽くなるかもしれない。

# 「負けグセ」
# をつけない。

なんだか、「勝手に負けている人」が多い気がする。そういう人は、はじめから「自分は負ける側の人間だ」と思い込んでいる。「負けグセ」がついているのだ。

**人間には不思議なところがあって、「自分はこうなるんだろう」と思っていると、本当にそうなってしまうことがある。**「勝ちたい」と思った瞬間、もうひとりの自分が「でも、いつも負けてるじゃん」「今回も負けるんじゃない?」と言い返してくる。そして、そいつの声のほうが大きくなり、結局、負けてしまう。

「そっち側に回っちゃダメだ」と僕は思う。勝手にあきらめない。勝手に「自分は負ける側」と決めつけない。「うまくいかないなあ、きっと負けちゃうな」というときにこそ、「僕は勝てる側なんだ」と強く自己暗示をかける。そして勝つことを「申し訳ない」「おこがましい」だなんて思わない。**「勝ってもいいんだ」「自分も勝てるんだ」と思えるようになれば「負けグセ」は消えていき、本当に勝てるようになっていく。**

なかには無邪気に「自分は勝てる側だ」と思える天真爛漫な人もいる。そんな人は無敵だと思う。僕はそんなふうには振る舞えないから、せめて、自分を信じられる根拠を集めることにしている。「あのときは、ああして勝てたじゃないか」「こんなに準備をしてきたじゃないか」。そうやって「僕は大丈夫」と自分自身を安心させる。それだけで勝率は、グッと上がるものなのだ。

# 走り出したら
# 耳をふさぐ。

行き先を確認したり、アドバイスを聞いたりしながら走っていると、速度はガクッと落ちてしまう。だから、走りはじめたら情報を遮断することが必要だ。

　**何かをやると決めたら、耳をふさぎ、前だけを見て、全力で走ってみる。そして走っている間は、速く走ることだけに、力を注ぐのだ。**

　なにも「盲目的に走りつづけろ」と言うつもりはない。ある程度走ったら、「1回休み」の時間をつくろう。ふさいだ耳を開放し、他人の話に耳を傾けたり、これまでの進捗を客観的に眺め、反省する時間をつくる。そうすればまた、次に走るべき方向が見えてくる。

　「走り出したら、耳をふさぐ」。つまり、走ることと進む方向を確かめることは、同時並行にやらないほうがいい、ということだ。100%の速度で走り抜けて、途中で方向転換したほうが、50%の速度で、正確な方向を探りながら進むより、圧倒的に速い。**どこで「1回休み」を取るか、自分なりにスパンを決めて、全力で走ることが大切だ。**

　それから、「1回休み」の期間でも、情報の取り込みすぎには気をつけよう。インターネットが普及してから、情報が過剰にあふれるようになった。全部に耳を傾けていたら、次に進むべき方向が決められなくなってしまう。どの程度の情報にふれ、いつ、どのように走り出すのかも、自分の中で決めておこう。

# 評価を
# 気にしない
# 「実験場」
# をもつ。

アスリートだった時代の僕の「本業」は400mハードルだった。ところが28歳のとき、ハードルを一定期間、封印したことがある。そのころの僕は、常に結果を求められ、まわりからの評価を気にする日々の中にいた。「このままじゃ、2年後の北京五輪まで、とてもじゃないけど耐えられない……」。心がそう悲鳴を上げたのだ。

400mハードルの封印期間中、僕は久しぶりに100mのレースに出場することにした。誰も期待していないからこそ、まわりの目を気にせず、のびのびと走れると考えたのだ。その効果はすさまじく、なんと10年ぶりに、100mの自己新記録を更新。評価を気にせずに済む「実験場」だったからこそ、結果がついてきたのだ。しかもこの実験で僕は、ハードルにも必要なスプリント力を磨くことができた。

得意なはずの「本業」。でもだからこそ「失敗できない」「やれて当然」と考えて、ガチガチになってしまうことがある。「これがなくなると自分はおしまい」と思ってしまうから、本来の力が出せなくなってしまうのだ。

そんなとき、「どこまでいけるかやってみよう」と気楽にチャレンジできる場があれば、新たな発見や成長を得られるかもしれない。「実験場」を設け、自分を揺さぶる仕組みをもっておこう。

「別の人生」を
日ごろから
意識する。

僕は、ほかのことに脇目も振らず、陸上競技者としての人生を送ってきた。「自分には陸上競技しかない」とさえ思っていた。でもあるときから、「別の人生を選ぶこともできる」「いまはその選択をしていないだけなんだ」と考えるようになった。

**視野が狭くなり、「これしかない」と思い込むと、人は逃げ場をなくしてしまう。これはものすごく苦しいことだ。**「自分には陸上競技しかない」と考えていたとき、僕はとても苦しかった。そこからドロップアウトしたら、人生が終わってしまうような感覚があったのだ。

でも、冷静に考えてみると、そんなことは当然ありえない。「走ること＝人生」ではない。走ることをやめたって、人生は続いていく。別の仕事に就いて、生きていくことだってできる。僕はあえて、陸上を選んでいただけだった。**別の人生もありえる。そう思えるようになってから、「この人生は、自分で選び取ったもの」と、前向きに考えられるようになっていった。**

僕は人生のうち1回ぐらいは、他の道に移ってみることもアリだと思っている。ずっと続けてきたことから降りて、別の人生を歩んでみる。すると意外と「いけちゃった」ということが起こるかもしれない。

こっちにもあっちにも、選択肢は無数にある。「これしかない」と思い込むことを防ぐために、「別の人生もあるよね」という言葉を心の中に宿しておこう。

その距離感で
本当にあってる?

# 「人に得して もらう」ことを 意識する。

「すべては人（顧客）のために」。これは僕が経営している会社の「行動指針」のひとつで、僕自身にとっても重要な言葉だ。相手にとって「よかれ」と思うことを、とにかくやりつづける。**たとえ利益に結びつかなくても、人に「得」をしてもらうことで、仕事自体がおもしろくなっていく気がするのだ。**

アスリート時代は、この発想をまったくもちあわせていなかった。競技で人に「得」をしてもらったら、たちまち自分の順位が落ちてしまうからだ。こういう考えをもつようになったのは、いまの仕事をするようになってから。僕の現在の仕事は、いわば「キャスティング」の連続だ。たとえばメディアが、ある分野をくわしく語れる人を探していたら、その道の専門家を僕が紹介している。

以前は「自分にも得があるように」と考えて、取引先や仲間の紹介を優先していた。でもあるときから、自分に直接利益がなくても、依頼にフィットする人を探して、紹介するようにした。すると、仕事自体の精度が格段に上がり、楽しくなっていったのだ。

仕事に対して、どこまで無私で取り組めるか。それが仕事をしていく上で、実はとても大切であると実感するようになった。**最初に「ギブ」ありき。ギブ、ギブ、ギブ。「テイク」を拙速には期待しない。**仕事に対する向きあい方は、そのほうが健全だと思う。少なくとも僕には、それが向いているようだ。

# つきあう人は、能力よりも倫理観で選ぶ。

仕事でつきあう相手を選ぶとき、僕は何よりもまず、倫理観を見る。能力はその次だ。その理由はシンプルで、倫理観がズレている人とは、一緒に時間をすごしたくないから。だから、どんなに能力が高くても、組まないように心掛けている。

　下請け業者を「アイツ」呼ばわりするような経営者。飲食店や交通機関のスタッフに対して、明らかに態度が悪い人。そういう人と、僕は組まない。**小さなことかもしれないが、仕事でのやりとりの端々にだって、そういう思想は浮かび上がってくるものだ。**そして、そんな一面に接するたびに、僕は嫌な気持ちになってしまう。それでは仕事に差しさわりがあるだろう。

　ただし、決して「僕のほうが倫理観が高い」と言いたいわけではない。そういう人たちとは「置いている倫理観の位置が違うだけ」だと思っている。僕は、フラットな人間関係を重視するタイプ。肩書や性別、人種、年齢などを意識せずに、なるべく対等な関係を築いていきたいと考えている。だから、上下関係や主従関係を重視する人とは、心理的に距離があるのだ。

　**自分が誰といるときが心地よくて、どんな人といるとストレスを感じてしまうのか。それを「倫理観」を基準に整理しておくことは、仕事はもちろん、プライベートでも大切だ。**僕はこの感覚を、人間関係の「基本のき」だと考えている。

# 正義を
# 振りかざす人
# には
# 近寄らない。

「世の中には絶対にぶれない『正義』がある」「それは誰もが守らなければならない」。そう固く信じている人がいる。そういう人は、人それぞれの正義があることに気がついていないから、誰にでも「自分の正義」を振りかざす。たとえば、何かの社会問題について積極的でない人に対して、「あなたには心がないの?」と迫ってくる。

　**そんな人には近づかないほうがいい。裁かれないように、距離をとろう。** 彼らの価値観を砕くのは、並大抵のことではない。がんばって説得して、変えようとしたって、泥沼にハマってしまうだけなのだ。

　**その一方で、「自分が正義を振りかざしていないか」にも、常に注意したい。** 僕も昔は「自分の理想に向けて、現実を変えていこう」という考えをもっていた。でもいまは、個人個人が幸せを保つことが一番で、理想が食い違っても、うまい落としどころに着地させられれば、それでいいと思うようになった。

　「犯罪はいけない」といった社会正義は別として、人は誰もが異なる価値観をもっている。その価値観によって、大切なものには差があり、優先順位もさまざまだ。「なるほど。じゃあ僕はこっちでこれを大事に、あなたはそっちでそれを大事に」。そう考えられる人の近くで暮らしたほうが、ずっと平和だと思う。

# 「仲がいい」と
# 「都合がいい」を
# 分けて考える。

相手にあわせなければ仲よくなれない——。そんな考えは、捨ててしまおう。いつでも相手にあわせていると、ただ「都合がいい人」になってしまう。**「仲がいい」と「都合がいい」は、似ているようでまったく違う。一緒くたにしてはいけない。**

　ただ仲よくなりたいだけなのに、「都合がいい人」になってしまう人には、やさしい人が多い。先回りして気を利かせ、相手が気に入るような提案をしてしまう。相手が不機嫌な態度だと、なぜか自分が悪いことをしたような気分になり、勝手に反省してしまう。相手もやさしい人ならいいが、意識的でも無意識でも、そういうやさしさにつけ込んで、利用してくる人だっているだろう。そんな関係はつらいに決まっている。

　**僕は、ちょっと「都合が悪い人」くらいの振る舞いをしたほうが、人と仲よくなれることさえあると思う。**わがままなのに、なぜか愛される人って、けっこういる。相手に気に入られようとしてつくったキャラは、いつか破綻する。それなら、ありのままで成立する関係を築いたほうが、長続きするのではないだろうか。

　一方でビジネスは、「都合がいい人」同士がタッグを組む場だ。取引先と必ずしも「仲がいい」関係にならなくてもいい。あくまでお互いにとって都合がいいように、利害を調整していく。友人関係でも、仕事でも、「仲がいい」と「都合がいい」は分けて考えよう。

「成長したくない
人の自由」を
認める。

母はいつも、僕にこんな言葉を掛けた。「陸上はもうやめていいんじゃないの?」。その一言は、いい意味で、僕のモチベーションに強烈な影響を与えてきた。

　僕は基本的に「やめない」「やめたくない」と答えてきた。でもそう答える過程で、なぜやめたくないのか、自分なりに考える必要が生じるのだ。**自分自身と向きあってみて初めて「勝ちたい」という強い意思を、自分の心の中に認めることができた。すると改めて、モチベーションが上がっていくのだ。**

　そういう意味で、僕は「成長したくない人の自由」を認めることは、いいことだと考えている。何でもかんでも「成長しなさい」「やりなさい」ではなく、「成長しないのもアリだよ」「やめてもいいよ」というスタンスでいる。すると人は、「本当に成長しなくていいのか?」「そもそも、なぜはじめたんだっけ?」と考えはじめる。

　「こっちに進めばいい」「こうすれば幸せになる」。そんな助言を受けて、忠実に従ったのに、思うように報われず、「アドバイス通りやったのに!」と恨みの感情を抱える人がいる。僕はそういう人を見て「自分はラッキーだったんだな」と思う。**母の「やめてもいいよ」という言葉の裏には、「だって、あなたがしたかったんでしょ?」「責任は自分でとってね」という思いが隠れていたのかもしれない。**やさしいようでいて、実は厳しい教えだったのだと、いまではよくわかる。

# ドライな
# やさしさを
# もつ。

目指していた夢への挑戦を、続けるか、あきらめるかの瀬戸際に立った人がいたとする。そんなとき僕たちは、客観的に見て「どう考えても、あきらめたほうがいい」と感じる場合でも、「あともう少しだけ、がんばってみたら?」などと「やさしい」言葉をかけがちだ。

その瞬間には、ソフトな着地点にたどり着けるかもしれない。でも、のちのちの人生を考えると、「ダメなものはダメだ」ときちんと助言したほうが、その人のためになるのではないだろうか。そんな「ドライなやさしさ」をもつことを意識したい。

アメリカの大学で、成績順の下位3分の1にあたる学生が退学になる学校があるという。一見、無慈悲に思えるけれど、「その学業に向いていない学生に、時間を浪費させてはならない」という、ドライなやさしさをもった考え方とも言える。

あまりにありふれた言葉だけど、時間は限られている。「キミならきっとやれる」「がんばれば夢は叶う」と励まされて、まったく向いていないことに長い年月を費やすことほど、もったいないことはない。

とはいえ、他者をマネジメントする立場になると、伝え方には気を遣うだろう。相手に「自分はダメなのだ」と思わせないよう、注意したい。僕は「ダメなのではなく、向いていないのだ」と、はっきり明言するようにしている。それが、その人の進む道を照らすと信じている。

# なぜ
# 褒めるのか、
# 考える。

人を褒めるのは、とてもいいことだし、どんどんやっていくべきだと思う。褒められれば誰だってうれしいし、やる気が出る。でも、これは考え方によっては怖いことでもある。「相手の感情を、簡単にコントロールできる」とも言えるからだ。だからこそ、「なぜ褒めるのか」をはっきりと意識しておこう。

　相手に自信をつけてもらいたいからなのか、長所に気づいてほしいからなのか、はたまた相手に好印象を与えたいからなのか。目的をはっきりさせることで、褒め方も、その目的に向けて最適なものに変わってくるはずだ。

　それから、誰かを褒めるときには、小細工をしないこと。心から「いい」と思っていることを、スパっと言う。「今日のスピーチ、感動したよ」「あの資料、すごくよくまとまってたよ」。はじめは気恥ずかしくても、ストレートな物言いのほうが、相手に響きやすいものだと思う。さらに、相手の行動から「何を学んだのか」も、一緒に伝えると効果が高い。僕たちの根幹には「影響を与えたい」という欲求があるものなのだ。

　心のこもっていないお世辞は、案外すぐ見透かされてしまう。自分より劣っている相手は褒められても、すぐれた人は褒められないという人も、その優劣の感情が「褒める」という行為によって浮き彫りになってしまう。そんな意味でも「なぜ褒めるか」には注意しよう。自分自身の本質すら、その行為から見えてくる。

# 率直に
# 意見を
# 言う。

あるがままに発信し、受け取る。そんな「率直さ」さえもっていれば、人生はそんなにおかしな場所には着地しないはずだ。少なくとも「不本意なことをしなければならない」という状況は避けられる。

でも、率直でいることは、意外に難しい。素の自分を見せることで相手の怒りを買ったり、がっかりされたりすることを、僕たちは怖がりがちだ。だから、上司への進言には慎重になるし、部下には見栄を張ってしまう。あなたにも、思い当たることがないだろうか。

そこで僕が提案したいのは、立場を超えた相互フィードバックの機会をもつことだ。ある会社では週に1回程度、チームの人間同士、1対1でとことん話しあう機会を設定しているという。やりにくい点ややりやすい点を、上下関係なく素直に言いあうのだ。このトレーニングを重ねるうち、取引先との交渉も、物怖じせずに進められるようになるらしい。

僕の会社でも、意識的に相互フィードバックの場を設けるようにしている。年下のスタッフから容赦ない指摘を浴びれば、もちろん瞬間的にはムカッとする。でも、定点観測で僕を見つづけてくれている彼らの言葉には、真実がある。積極的に受け入れ、学び取る。そして僕も臆することなく、彼らに意見する。その繰り返しで、率直さは磨かれていくのだ。

アドバイスは
「自分の考え」
ありきで求める。

誰かにアドバイスを求めるとき、いきなり答えを聞こうとしていないだろうか。それは、もったいないことだと思う。たとえ相手が答えを教えてくれたとしても、なぜそういう答えになるのか、その背景を知ることができなくなってしまうのだから。

　僕が実践しているのは、事前に自分なりにいろいろ調べてみて、「僕はこう思うのですが、これってあっていますか」というように、相手に「あてて」みることだ。そうすることで、その分野のことを、より深く知るきっかけができる。**アドバイスは「自分の考え」ありきで聞く。学びを深めていくために、大切な実践だと思う。**

　そして、「なぜその答えになるのですか?」「その背景について、くわしく書いてある本はありますか?」と、さらに掘り下げていってほしい。すると、その分野のことが体系的にわかるようになってくるはずだ。

　そんな経験を重ねていくと、今度は質問の質も上がっていく。「これを知りたいから、こう質問してみよう」というように、よりよいアドバイスを引き出す方法がわかってくるのだ。インターネットであれこれ検索ワードを変えながら、答えに近づくように、的確なアドバイスを引き出せるようになる。すでに自分の中で答えが出ている事柄について、あえて質問して、答えあわせをするのもいいだろう。**質問の質を上げることが、いいアドバイスを引き出すコツなのだ。**

# 共有すべきは
# 成功の理由
# ではなく、
# 失敗の原因。

世の中は、成功体験を記した本であふれ返っている。でも、その本を読んだからといって、同じように成功できる可能性はどれくらいあるだろうか。**誰かの成功体験や成功した理由を知るよりも、失敗体験やうまくいかなかった原因こそ、意識的に学んでいくべきだと、僕は思う。**世の中が共有すべきなのは、失敗談なのだ。

失敗からのほうが、僕たちは多くのことを学ぶことができる。どんな失敗を、なぜしてしまったのか。そんな体験を自分なりに整理し、共有することで、後につづく人は同じ失敗をしなくて済む。それに自分自身にとっても、失敗を振り返るための、貴重な機会になるはずだ。

**失敗の原因を自分なりに整理するときには、自問自答を繰り返してみるといい。**たとえば、失敗の原因として「集中できなかったから」という理由が浮かんだとする。「では、なぜ集中できなかったのだろう」と、さらに自分に聞いてみる。「体調が思わしくなかったから」であれば、「なぜ体調が悪かったのだろう」とさらに聞く。自分の頭の中で、「なぜ」「なぜ」「なぜ」と3回ぐらい繰り返せば、たいていの原因は洗い出せるものだ。

これは個人だけでなく、集団やチームに関しても、有効な手段だ。具体的に何が問題だったのか、何を改善していくべきなのか。答えが出るところまで掘り下げてみよう。

納得したなら、
ブレてもいい。
ブレる心は
説得力を生む。

営業の仕事をしている人たちにとって、最大の目的は「売ること」にある。でも、それに固執しない人のほうが、営業成績がよかったりするのはなぜだろう?

押しが強すぎるセールスマンに気が滅入った経験を、多くの人がもっていると思う。**「最終的には売る」という考えがブレないから、売り込まれているほうは気が滅入るのだ。**「必要ない」と断っても「必要になるときがきます」と食い下がり、「お金がない」といっても「分割でも」と引き下がらない。「何が何でも売ってやろう」という態度は、非常に息苦しいものだ。

一方で、「買えない理由」を素直に聞いてくれて、納得して引いてくれる人は、信頼できる。どこか無邪気で、大らかで「ことによっては私が説得されても構わない」とでもいうような、しなやかな態度。そういう人たちのセールストークのほうが、不思議なことに、説得力があるものなのだ。**「納得したならブレてもいい」という寛容さが、相手の胸襟を開くのだろう。**

大切なのは、「納得してもらう」「相手に選ばせる」という態度だと思う。自分に都合のいい結論ありきで、話を進めないこと。嫌がっているのに、何とか説得して、丸め込もうとしてはいけない。嫌な理由を聞いて、納得できたなら、目的がブレたっていい。そういう態度が信頼関係をつくっていくのだ。

# 「当たり前」の すりあわせは 徹底的に。

「右」「左」という概念がない言語圏があるという話を聞き、おどろいたことがある。そういう国に住む人と話すとき、どんな心づもりが必要なのか。僕はそんな空想が大好きなので、考えただけでもワクワクしてしまう。きっと「左右」の概念がないだけで、僕たちの「当たり前」とはまったく異なる思考回路が、彼らにはあるのではないか。

　それはすごく極端な例だけれど、**人間の「当たり前」という認識は、みんなそれぞれ違っている。**花を見て「きれいだな」と思う人もいれば、「何という種類だろう」と調べたくなる人もいる。待ちあわせ時間ぴったりにつくのがマナーだと思う人がいる一方で、10分前につくのが礼儀だと考える人もいる。**まずはこんなふうに、「当たり前などという言葉は当てにならない」ということを、大前提として知っておこう。**

　そして、人それぞれ違うからこそ、「当たり前」は徹底的にすりあわせるようにしよう。「あなたの言っている『ちょっと』って、どの程度のことですか?」「『早めに集まる』ってことは、10分前に来ていれば、大丈夫ですよね?」。そうやっていちいち、不明な点を詰めて、整理しておくこと。「当たり前」をすりあわせることで、仕事でも、プライベートでも、人間関係をもっと円滑にすることができる。

ほら、
世界はこんなに広い。

# カオスを
# 受け入れる。

ものや情報が整理されている状態は気持ちがいい。でも、整理するにはまだ早すぎて、どうしてもとっ散らかってしまう状況だってある。そういう「カオス」な状況を受け入れられるようになろう。

　未知の感染症が流行したり、画期的な技術が開発されたりしたとき、まだ確かではない対処法や活用法の情報が、またたく間に巷にあふれていく。**それらの情報を焦って整理して、理解した気になり、行動に移してしまうのは危険だ。**早く「カオス」を抜け出し、「理解できている状態」になろうと急ぐあまり、大きな失敗につながることだって充分にありえる。

　だからこそ、散らかった状況のままでも、平気でいられるようにしよう。**「いまは答えを出さないで、あえて、散らかしたままにしておくんだ」と考える。情報はなるべくまんべんなく見回して、決して焦って決めつけようとしない。**そんな「カオス」を受け入れる心構えができていれば、何が大事なのかわかったときや、正解への兆しが見えたとき、一気に情報を整理できるものなのだ。

　世界の変化があまりにも急激で、何が正解かわからない時代になっている。情報はあふれ、何を手本にするべきかはっきりしない。だから、いきなり答えにたどり着くことは不可能だ。こんな時代だからこそ、カオスを受け入れよう。

いたずらを
忘れず、
ユーモアを
たっぷりと。
楽しさで
すべてを癒す。

混乱しているとき、あわてているとき、いかに落ち着いた心理状態をつくるか。**その解決策の究極系は、「人を笑わせる」ことだと思う。**「場」の空気を、思い切って変えてみる。つい視野が狭くなりがちな非常事態を、あえて笑い飛ばしてみる。みんなが一緒に笑うと、なぜだか僕たちは冷静になれるものなのだ。そして、冷静になった頭で、改めて考え直すことができれば、物事はまた、前に進んでいく。

　たとえば、ミーティングが行き詰まったとき、「ところでみなさん、週末って何してました?」と、まったく関係ない話題を振ってみる。空気が重くなりそうな会議に、差し入れの「もなか」を持参してみる。そんなふうに、小さないたずらやユーモアで、その場の空気をなごやかなものに変えてみよう。

　もちろん、どこまでが許容範囲か、探ってみることも大切だ。空気を変えるための行動は、やりすぎると空気を壊してしまいかねない。嫌がる人や、怒ってしまう人がいないか、常に気を配る。その作業すらも、楽しんでみよう。

　**人は放っておくと、どんどん思い詰めてしまうものだ。**考えても仕方ないのに、ひとつの失敗について何度も何度も反省したり、もう伸びしろのない事柄にこだわりすぎてしまったり――。そんなときに、あえてハシゴを外してみてほしい。楽しさですべてを癒そう。

人を幸せに
するために、
まず自分が
幸せになる。

「みんな我慢しているんだから、私も我慢しなくちゃ」「あの人は苦しんでいるんだから、自分だけ幸せになってはダメ！」。僕たちは、そう思い込まされていないだろうか。もしそれが本当だとすると、1年中、喪に服しているような生活を送らなければいけなくなってしまう。

　**事件や災害のニュースのあふれる現代だからこそ、まずは自分自身を幸せにしてみよう。** 好きなことに没頭するとか、おいしいものを食べるとか、手段は何だっていい。心に余裕をもつことができれば、他人に貢献したい気持ちも、おのずと生まれてくるはずだ。

　「自分のことよりも他人のことを大切に考える」という意味で使われる「利他」という言葉がある。でも、自分を大切にして幸せになり、それがめぐりめぐって他人をも幸せにするのであれば、僕は徹底的に「利己」であってもいいと思う。**べつに、人の不幸せの上にしか、自分の幸せが成り立たないわけではないんだから。**

　それに、「人を幸せにするために、自分を犠牲にする」という意識をもっていると、どうしても相手からの見返りを期待してしまう。「あんなに支えてあげたのに、どうして見返りをくれないの？」と、恨んでしまうことだってある。それでは本末転倒だ。だから、「利他」よりも先に「利己」なのだ。人を幸せにするために、まず自分が幸せになろう。

夢はもった
ほうがいい。
叶わないかも
しれないけれど。

「夢なんてもったって、どうせ叶わない」。そんなふうに言う人がいる。でも僕は、たとえ叶わないとしても、夢はもつべきだと声を大にして言いたい。

　そもそも夢は、本当に叶わないのだろうか。あなたはまだ、本当の自分を知らないだけかもしれない。想像もつかないような力が、自分の内側に眠っていることに、気づいていないことだってありえる。**全身全霊をかけて、自分を夢にぶつけてみよう。世界は広く、人間の可能性はおどろくほど深い。**そのことにきっと、気がつけるはずだ。未来のことは、まだ何ひとつ決まっていないのだから。

　もちろん、いくらがんばっても叶わない夢だってある。それを否定するつもりはない。でも一方で、夢があるからこそ、がんばれるのだとも思う。**夢は、あなたを引っ張り上げてくれる。叶えようとするからこそ、「どうやったら実現できるか」と具体的な道筋をつけて、考えられるようになる。**夢は、思考や行動の原動力になるのだ。

　夢は叶えるためでなく、破れるためにある。そう考えることだってできるだろう。「叶わないかも」と思ったとしても、まずは夢をもってみる。何かを乗り越えようと挑むことこそが大切なのだと思う。

　夢に向かって「夢中になれた時間」は、決して消えることのない、人生の幸せな記憶となる。だから、夢はもつべきだ。叶わないかもしれないけれど。

# 地位、名誉、
# タイトル、肩書──。
# 不純な動機を
# 利用する。

地位や名誉、お金、タイトル、肩書──。そういう「我欲」を求める人のことを、世間は「不純」だという。でも、動機が純粋なら、何をしてもいいわけじゃない。それに、たとえ不純な動機であったとしても、結果的にやっていることが「悪」でなければ、なんら問題はないし、僕はむしろ、いいことだと思う。

　「我欲」と書くと、何だか悪いことのように思えてくるけれど、我欲だからこそ、大きなエネルギーが生まれるのだ。特に名誉への欲望は、底がしれない。その果てに銅像を建ててしまう人だっているのだから。でも、銅像を建てたいがために、たくさんの社会貢献をしようとする人がいても、誰が責められるだろうか。

　我欲に突き動かされるタイプの人は、とにかく強い。純粋で、迷いがない。だから僕たちは、もっと自分の欲望に素直になってもいいと思う。一度、正直に、手に入れたいものを「欲しがって」みるといい。

　現役時代の僕がずっと欲しがっていたのは、実況アナウンサーの驚愕の表情だった。「まさか日本人が！」「まさかこのタイムで！」。それが僕のモチベーションにつながっていた。世の中がひっくり返るようなサプライズを起こし、人々の既成概念を取っ払いたい。そんな瞬間を僕は夢見ていた。そしてそれは、いまも変わらない。この動機が、純粋だと思われようが、不純だと思われようが、そんなことは関係ないのだ。

理由なんて
後づけでよく、
最後まで
なくてもいい。

「なぜ、この会社を志望したのですか」。就活でも、新規事業をはじめるときでも、僕たちはいつも、それを志す理由を聞かれる。そしてその理由は、自らの体験に基づいて語られるべき、となぜか決められているようだ。「〇〇の経験をしたからこそ、私はこれをやるんです！」。こんなふうに語るように、促されている気すらする。

**人は、他人の行動に理由を欲しがるものなのだ。** もちろん入社面接は、志望理由を語らないと通過できないだろうけれど、僕は実のところ、理由なんて後づけでいいと思っている。

僕自身、「人生のビジョンを描き、それに基づいて行動する」ということが、あまり得意ではない。いつも右往左往の人生を歩んできた。でも、その右往左往の中で、いろんなところに打ってきた「点」がある。その「点」と「点」が結びついて、最終的に物語になればいい。もしくは、「点」が「点」のまま終わったっていい。その程度のことなのだ。

**難しく考える必要はない。いまのあなたがやりたいことを、はじめてみよう。** いままでなに不自由なく生きてきた人が、ある日突然、環境問題に目覚めたって構わない。わざわざ過去をひっくり返して、環境をよくしたい理由を探すなんて、ナンセンスだと思う。そして理由は、最後までなくてもいい。ただ、いま「やりたい」という気持ちがあればいいのだ。

# 「足りて いること」 を意識する。

大病を経験すると、人は「生きているだけで幸せだ」と気がつくという。幸せには、お金や成功が絶対に必要なわけではない、と身に染みるのだろう。

　でも、日々を健康に生きていると、そういうことを肌で感じる機会がない。だから、いろいろなことを達成し、お金をたくさん稼いで、成功しなければならない気がして、焦ってしまう。　そんなときはまず、いまのあなたに「足りている」ことに、意識をめぐらしてみよう。

　「生きているだけで幸せ」というのは、そのベースとなる価値観だ。いま、あなたは間違いなく生きている。つまり、命は「足りている」のだ。ほかにも、足りているものを探してみる。今日の夜、食べるものはある。明日着ていく服もあるし、帰ってくる家もある。毎日を暮らしていくだけのお金はある。

　そんなふうに「足りないもの」ではなく「足りているもの」を自覚すると、グラグラと揺れていた足場が固まってくる。　ないものではなく、すでにあるものに目がいくことで、不安が解消されていくのだ。　しかも、この状態に心を落ち着けることができれば、挑戦の意欲も湧いてくる。「失敗したところで、いまいるところに戻ってくるだけだ」と思えてくる。

　「足りないもの」を埋めあわせようとして、せわしなく生きるより、いま、「足りているもの」を意識する。そんな生き方のほうが、幸福感は絶対に高い。

世の中は
平等でない。
だからこそ、
エネルギーが
生まれる。

この世の中は平等ではない。いっぱいがんばったからといって、報われるわけでもなければ、なまけつづけたからといって、大失敗の人生が待っているわけでもない。それに、生まれながらの差というものが、どうしても存在する。

　極端な話、自宅の庭から石油が出る人だっているのだ。陸上競技の世界でも、そういうことを嫌というほど経験した。骨格や筋肉の質など、どうしようもないハンディが、僕の前にまぎれもなく立ちはだかっていたのだ。世の中は、どう考えたって平等なんかではない。

　だからといって、嘆いてばかりでも仕方がない。**世の中は「そういうもの」なのだ。そう認めるところから、人生ははじまる。** 平等ではないからこそ、「じゃあ、こっちで勝負しよう」「絶対にこのままでは終わらないぞ」というエネルギーが生まれる。現状から一歩踏み出すためには、どうしたらいいのか、模索しつづけたい。

　家庭や教育の環境によって、人生は大きく変わってしまう。そういった不平等はもちろん、社会全体としては解消していくべきだ。**でも、それはそれとして、一人ひとりが「不平等」と向きあってみることが大切だと思う。知恵を絞って、生き抜くために考え尽くす。** それをみんなが実践すれば、生み出されるエネルギーの量は、とてつもなく大きくなる。そんなエネルギーこそが、きっと世の中を変えていくのだ。

# 責任を
# とるのは
# いつだって
# 自分。

僕は、人生を思う存分生きて、最後にすべての責任を自分自身でとりたい。**他人や環境のせいにせず、自分で人生を生き抜きたい。**

　世の中は不条理で、理不尽で、不公平。でもそのことに対して、僕の考えはいたってシンプルだ。不平や不満があって、それを変えたいのなら、変えればいい。変えられないのなら、その中でうまくやっていく方法を考えればいい。世の中との向きあい方は、これしかないと思っている。

　人生の選択肢は無数にあるというけれど、選べるカードの枚数や種類は、人によって違う。生まれながらにして、有利不利が決まってしまうこともある。その差は確実に存在していて、簡単には覆らない。**僕たちにできるのは、選べるカードの中から、最良のカードを選び取っていくことだけだ。**

　それから、誰かが応援してくれたり、アドバイスをしてくれたりして、その期待や助言の通りに行動して、失敗したとしても、その人は絶対に責任をとってくれない。「あきらめないでがんばれ！」と言われて、続けた仕事が破綻しても、その人が再就職先を紹介してくれるわけじゃない。責任をとるのは、いつだって自分なのだ。

　どんな社会にも、ルールはある。法律や組織の規則の中で、行動しなければならない。そんな中でも、自分なりの人生を掴み、生き抜こう。「主体性」をもって、自分で道を選び、歩んでいこう。

# 世界は広い。
# 人生は
# 何とかなる。

2000年、シドニー五輪。予選のレースで先頭を走っていた僕は、終盤で強い風にあおられた。9台目のハードルを引っ掛けてしまい、転倒。準決勝進出を逃した。頭の中が真っ白になった。

　それまでは、とても順調な競技人生だった。中学では100m、200mで全国大会優勝。高校3年でハードルを本格的にはじめてからは、各年代の記録を塗り替え、この年にも400mハードルの学生記録を更新。日本代表にも順当に選ばれて、満を持して出場した五輪だった。でも、その大舞台で、あっけなく転んでしまった。

　あそこで転倒するまでは、自己新記録のペースだったのに。そして、そのタイムなら、決勝まで進めていたはずなのに——。何度も後悔が押し寄せてきた。「肝心な場面で結果を出す」という定評が、一瞬でガラガラと崩れていくようだった。

　ところが翌日、オーストラリアの人たちは、僕のことなんてちっとも気に留めていなかった。いつもと変わらない、淡々とした日常生活を送っている。日本の新聞を開いてみても、そこにはごく短く、僕の予選落ちを報じる記事が載っているだけだった。

　「あれ、昨日のこと、誰も気にしてないのかな……? もしかして俺だけ?!」。いま、考えてみれば当然のことだけれど、当時の僕はひどくおどろいたものだ。自分にとっては人生の一大事だったのに、世の中ではあまりに

もあっさりと、忘れ去られているようだった。

　**個人にとってどんなに重大なことが起きようと、社会は何事もなく動きつづけている。**　そのパワーは圧倒的に大きくて、止めることなど不可能だ。世界のダイナミズムと比べて、自分の悩みがいかにちっぽけなことなのか、痛感した瞬間だった。

　あんな大舞台で失敗したのに、案外大丈夫だったのだ。「もしかして、大事なことなんて、何もないのかもしれない」。そんなふうにさえ思えてきて、視界が一気に開けていった。この日のことを、僕は忘れない。

　**世界は広い。身をもって、そう実感できたことで、挑戦しつづける勇気が湧いてきた。**　失敗したらそれで終わり、なんてことはありえない。僕の陸上競技人生のピークは、五輪で転倒した後にやってきた。あのとき、世界の大きさに、その圧倒的な力に気づけなかったら、僕は転んだまま、立ち上がれなかったかもしれない。

　あなたがいま、もしも閉塞感にさいなまれているのなら、どうかその扉を開けてほしいと、僕は強く願う。世の中には、あなたが思っている以上に、いろんな生き方をしている人がいる。何に喜び、怒り、涙し、楽しみ、何に向かって走っていくのか。それは全部、あなたの自由だ。「こうじゃなきゃダメ」なんてことは、何もないのだ。世界は広い。そして、人生は何とかなる。

さあ、走り出そう。

# Tamesue's Bookshelf

## 自分をコントロールするための7冊

### 成功はゴミ箱の中に
レイ・クロック、ロバート・アンダーソン（野崎稚恵＝訳）
プレジデント社／388ページ

「マクドナルド」を大成功させた実業家の自伝。50代まで鳴かず飛ばずだった著者の人生が、一気に好転していくストーリーは痛快そのもの。僕は長い間、実力でほとんど勝負が決まるスポーツの世界にいたから、「ビジネスって、こんな大逆転が起こるのか！」と興奮した。現役引退を前向きに捉えられたのも、この本のおかげかもしれない。

### ホモ・ルーデンス
ヨハン・ホイジンガ（高橋英夫＝訳）
中央公論新社／536ページ

「遊び」から「文化」は生まれ、発展してきた——。オランダの歴史家・ホイジンガが「遊び」の重要性を説いたこの本は、僕のバイブルだ。スポーツも、仕事も、もとをただせばすべて遊びじゃないか。だったら、楽しんでしまおう。もっと無邪気に生きてみよう。僕がそんなふうに生きてこられたのは、この本に勇気をもらったからだ。

### 夜と霧　新版
ヴィクトール・E・フランクル（池田香代子＝訳）
みすず書房／184ページ

ナチスの強制収容所を体験した心理学者が、当時を生々しく振り返る。いかに過酷な状況の中でも「どう感じ、どう行動するかは、自分自身が決められる」。そのメッセージは強烈だ。何か壁にぶち当たったときに、僕はこの本のことを思い出す。今日、何をして、何をしないのかを決めるのは、結局自分自身なんだ。

## 苦しかったときの話をしようか
森岡毅／ダイヤモンド社／308ページ

「人生で、どんな目標をもったらいいの?」。そんな素朴な疑問に、やさしく答えてくれるのが、この本。マーケティングの知識を応用した内容だけど、森岡さんが当時大学生の長女に向けて書いた本だから、理解しやすいはず。「どんな『状態』がハッピーか、と考えると目的が見えてくる」。この考え方には、僕も深く頷いてしまった。

## タオ―老子
加島祥造／筑摩書房／288ページ

いくら練習しても、もう実力が伸びない……。そう悩んでいたときに、この本に出合った。古代中国の思想家・老子の教えを、詩の形で翻訳。「すべてに意味はない」「なるようになる」。そんな言葉の数々は「勝たなきゃ意味がない」と力んでいた僕をなだめ、励ましてくれた。自分を追い詰めすぎてしまうあなたに、ぜひ読んでみてほしい。

## 親子で育てる　ことば力と思考力
今井むつみ／筑摩書房／160ページ

子どもが言葉を獲得していくときのメカニズムを、わかりやすく解説した一冊。今井さんの「言葉と学び」をテーマとした研究には、いつも「いままで考えたこともなかった!」とびっくりさせられるし、好奇心をくすぐられてしまう。この本を読む前と後では、きっと自分が話す言葉への感度が、段違いに変わるはず。

## 「空気」の研究
山本七平／文藝春秋／256ページ

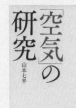

日本の社会で、何かを決定するときにはたらく「空気」について、鋭く考察した名著。日本で育った僕たちは、どうしたって「空気」に影響を受けている。でも、その性質を知ることで、自分の心をコントロールしたり、話しあいをスムーズにしたりできる。人間関係や、所属する組織について悩む人には、必読の一冊だ。

# Tamesue Method 100 Check List

## 為末 大 (ためすえ・だい)

1978年広島県生まれ。スプリント種目の世界大会で、日本人としてはじめてメダルを獲得。シドニー・アテネ・北京のオリンピックに連続出場。男子400mハードルの日本記録保持者 (2021年1月現在)。2012年現役引退。現在は、Sports×Technologyに関するプロジェクトを行う株式会社DeportarePartnersの代表を務める一方、「どうすれば人は、自由に、しなやかに生きていけるのか」を、等身大の言葉で発信しつづけている。一児の父。著書に『諦める力』(プレジデント社)、『走りながら考える』(KADOKAWA)、『生き抜くチカラ』(日本図書センター)などがある。

| | |
|---|---|
| デザイン | 大原健一郎 (NIGN) |
| イラスト | 高橋 潤 |
| 編集協力 | 加賀直樹 |
| 編集 | 日本図書センター (森田 直、高野愛実) |

## 為末メソッド

自分をコントロールする100の技術

2021年3月25日　初版第1刷発行

| | |
|---|---|
| 著　者 | 為末 大 |
| 発行者 | 高野総太 |
| 発行所 | 株式会社日本図書センター |
| | 〒112-0012　東京都文京区大塚3-8-2 |
| | 電話　営業部 03-3947-9387 |
| | 　　　出版部 03-3945-6448 |
| | HP　http://www.nihontosho.co.jp |
| 印刷・製本 | 図書印刷株式会社 |